私たちの日本語

定延利之

編著

森　篤嗣
茂木俊伸
金田純平

著

朝倉書店

執 筆 者

定延利之*	京都大学大学院文学研究科	(10〜14課)
森　篤嗣	京都外国語大学外国語学部	(2, 3, 8課)
茂木俊伸	熊本大学大学院人文社会科学研究部	(1, 5, 9課)
金田純平	国立民族学博物館文化資源研究センター	(4, 6, 7課)

*は編著者，(　)内は執筆担当課

まえがき

1. この本の目標

　この本は，日本語の構造や意味，用法について基礎的な知識や考え方を学ぶためのテキストです。

　この本を通して，みなさんが，日本語を世界の諸言語の一つとして客観的に観察できるようになること，自身のコミュニケーションを多角的かつ論理的に分析できるようになること，そして「ことばについて考える」楽しさを知り，人生をより豊かなものにされることを，執筆者一同願っています。

2. この本の特色

　この本では，みなさんが日常生活を送る中でふと気になるような「身近な日本語」の具体例とその分析が豊富に紹介されています。

　それぞれの具体例の内容は一見したところバラバラですが，それらに触れ，感じ，考えることでみなさんの中に培われるものは，やがてお互いに結び付き，大きな体系となっていくでしょう。

3. この本の構成

　多くの大学での授業スケジュール（半期あたり試験も含めて15回）に合わせて，1回の授業で1つの課が学べるよう，この本は全部で14の課から構成されています。ただし，授業の進度はみなさんの興味や理解度に応じて変わっていくでしょうから，これはあくまで目安に過ぎません。最後の第14課まで進まなくても，さまざまなことがわかるようになっています。

　各課でみなさんが具体的に何を学ぶかは，それぞれの課の冒頭にある「この課のねらい」や「キーワード」，さらに最終節「この課のまとめ」に書かれている通りですが，それが日本語のどのような研究分野やテーマと結び付いているのかというと，およそ次のようになります。

　　第1課　文法と方言
　　第2課　文法と自然言語処理1（機械翻訳）
　　第3課　文法と自然言語処理2（形態素解析）

第 4 課　ことばとジャンル（書きことば・話しことば）
第 5 課　ことばとメディア 1（漢字・ひらがな・カタカナ）
第 6 課　ことばとメディア 2（文字・音声）
第 7 課　文法とキャラクタ
第 8 課　文法と自然言語処理 3（コーパス）
第 9 課　電子コミュニケーション
第 10 課　コミュニケーションと会話
第 11 課　コミュニケーションと丁寧さ
第 12 課　コミュニケーションと文法
第 13 課　コミュニケーションとキャラクタ
第 14 課　ことばの記述的研究と規範的教育

　いずれの課にも，本文中には空欄があり，末尾には基礎レベルと発展レベルの問題があります．本文を読んで，空欄を埋める語句を考え，問題に取り組んで，みなさん自身の日本語の世界を広げ，深めてください．課の末尾にある文献情報と，巻末にある索引を利用すれば，この本で学んだことをさらに発展させていくこともできます．

4. この本をお使いになる先生方へ

　「日本語学の授業といっても，受講者の大半は，日本語学の専門の道に進まない学生さんであろう．その人たちにも面白く感じられる，身近でわかりやすい今日的な題材を取り上げてほしい．そして，その人たちが大学を卒業して社会に出た後も，楽しい記憶として永らく残るような，インパクトのある原稿を書いてほしい」という，大変むずかしい要求を，3人の若い方々に突きつけてしまいましたが，金田純平さん，茂木俊伸さん，森篤嗣さん（五十音順）いずれも，その要求に見事に応えてくださいました．この本が面白すぎて，「ふざけている」と先生方からお叱りの声をいただいてしまわないかと実は心配しておりますが，上のような次第ですので，そうしたお叱りはすべて編著者の定延がお受けしたいと思います．

　なお，出版に至るさまざまな過程で，朝倉書店編集部のみなさんにお世話になりました．ここに記して謝意を表したいと思います．

2012 年 1 月

編　著　者

目　　次

第1課　看板から始まる日本語観察 ……………………………………… 1
　1.1　看板や貼り紙の面白い日本語　*1*
　1.2　言語研究者が考え込む看板の日本語　*2*
　　　禁止する看板（1）「自転車と……」　*2*／禁止する看板（2）「立ち入り禁止！！」　*4*／お願いする貼り紙　*5*／方言の看板　*8*
　1.3　この課のまとめ　*9*

第2課　直訳日本語ロックに見る日本語の特徴 ……………………… 12
　2.1　まずは比べてみよう　*12*
　2.2　無料翻訳サイトによる直訳　*15*
　2.3　英語教育における直訳と意訳　*19*
　2.4　この課のまとめ　*20*

第3課　誤変換はなぜ面白い？ ………………………………………… 23
　3.1　誤変換はなぜ起こるのか？　*23*
　3.2　誤変換はなぜ起こるのか1―形態素解析ミス　*25*
　3.3　誤変換はなぜ起こるのか2―辞書の対応付けミス　*26*
　3.4　誤変換はなぜ面白いのか？　*28*
　3.5　誤変換の最後の砦―文字表記に潜む罠　*28*
　3.6　言いまつがい　*29*
　3.7　この課のまとめ　*32*

第4課　破格から考える日本語 ………………………………………… 34
　4.1　破　格　文　*34*
　4.2　破格の分析　*36*
　　　過剰型　*36*／不足型　*37*／漠然型　*38*

- 4.3 破格と主題　*39*
- 4.4 うなぎ文　*41*
- 4.5 話しことばと書きことば　*42*
- 4.6 この課のまとめ　*44*

第5課　「チョー恥ずかしかったヨ！」なカタカナの不思議 …………47
- 5.1 カタカナ表記の謎　*47*
- 5.2 現代日本語の文字の役割分担　*48*
- 5.3 カタカナを使う基準　*49*
- 5.4 カタカナ表記の分類　*52*
- 5.5 「音」を再生するカタカナ　*54*
- 5.6 この課のまとめ　*56*

第6課　文字表現の音声学 ……………………………………………58
- 6.1 話の意味と話し手の気持ち　*58*
- 6.2 「っ」とは？　*59*
- 6.3 文字表記と声の高さ―小書き文字と音引き記号　*61*
- 6.4 ネオ濁音　*62*
- 6.5 フォント―視覚言語の声　*63*
- 6.6 フォントと声の対応　*64*
- 6.7 この課のまとめ　*67*

第7課　文末の小宇宙 ……………………………………………………69
- 7.1 末尾は体を表す？　*69*
- 7.2 主要部後置ということ　*70*
- 7.3 役割語とキャラ語尾　*71*
- 7.4 キャラ語尾　*72*
  キャラコピュラ　*72*／キャラ終助詞　*73*／キャラ助詞　*75*
- 7.5 文末形式とキャラ　*77*
- 7.6 この課のまとめ　*79*

第8課　ググると正しい日本語がわかる？ ……………………………… 81
- 8.1　サーチエンジンとは？　*81*
- 8.2　正しい日本語？　*81*
- 8.3　「言いません」と「言わないです」をググる　*82*
- 8.4　「言いません」と「言わないです」をコーパスで調べる　*85*
- 8.5　他の資料から裏付けを得る　*87*
- 8.6　コーパスがあればググるのは無駄？　*88*
- 8.7　外国語をググってネイティブの言語感覚を確かめる　*89*
- 8.8　この課のまとめ　*91*

第9課　「レポート提出しました＼(^o^)／」のすれ違い：顔文字の謎 ……93
- 9.1　メールの常識　*93*
- 9.2　すれ違う顔文字　*94*
- 9.3　「エモティコン」としての顔文字　*95*
- 9.4　「おしゃべり」するケータイメール　*97*
- 9.5　顔文字が補っているもの　*98*
- 9.6　この課のまとめ　*101*

第10課　挨拶のマナー …………………………………………………… 104
- 10.1　挨拶の同時性　*104*
- 10.2　挨拶の即時性　*107*
- 10.3　挨拶を包む一連の行動パターン　*108*
- 10.4　挨拶の内容　*109*
- 10.5　挨拶の相手　*110*
- 10.6　この課のまとめ　*111*

第11課　断　り　方 ……………………………………………………… 114
- 11.1　「考えときます」　*114*
- 11.2　「やってみます」　*115*
- 11.3　常務は大阪人　*116*
- 11.4　「社で検討させてください」　*117*

11.5 「さー」　*118*
11.6 この課のまとめ　*118*

第12課　かっこいい〜はずかしいしゃべり方 …………………… *121*
12.1 素人が業界語を使ったら　*121*
12.2 専門家らしいアクセント　*122*
12.3 「権威者」らしいつっかえ　*123*
12.4 「責任者」らしい言いよどみ　*125*
12.5 上位者の評価発話　*126*
12.6 体験者のりきみ　*127*
12.7 この課のまとめ　*128*

第13課　キャラクタの悩みあれこれ …………………………………… *130*
13.1 キャラクタとは？　*130*
13.2 キャラクタとスタイルの違い　*132*
13.3 芸能界の掟？　*133*
13.4 キャラ変わり　*135*
13.5 キャラクタの「格」と「品」　*137*
13.6 この課のまとめ　*138*

第14課　ことばの専門家が言うこと …………………………………… *140*
14.1 声から話し手を突き止める？　*140*
14.2 正しい言い方と間違った言い方　*141*
14.3 マクロなレベルとミクロなレベル　*143*
14.4 この課のまとめ　*145*

索　引 …………………………………………………………………… *147*

第1課 看板から始まる日本語観察

この課のねらい

私たちの身近にある看板や貼り紙の観察を通して,「日本語を考える」とはどのようなことなのか,具体的なイメージをつかみましょう。

キーワード:看板,貼り紙,変な日本語,なぜ変だと感じるのか

1.1 看板や貼り紙の面白い日本語

この課では,街で見かける「看板」や「貼り紙」を題材にして,日本語を考えていくための入口へみなさんをご招待します。

街の看板や貼り紙は,気付かなければ素通りしてしまいますが,実は面白い現象の宝庫です。この「面白い」には,(a) 思わずクスッと笑ってしまうタイプのものと,(b) 言語研究者が考え込んでしまうタイプのものがあります。

まず,次に挙げるのは,☐のタイプの看板です[1]。

〔問1〕 図1.1, 1.2の看板の表現は,どこが日本語として面白いのでしょうか？

一目見てわかるものをわざわざ解説するのもヤボなのですが,簡単に述べておきます。

図1.1は,「進入禁止」の「入」が「人」になっています。「自転車もバイクも人も入れなかったら,誰が入るのよ？」というツッコミを待っているようです[2]。

---

[1] このような看板や貼り紙の笑ってしまう日本語は,『VOW(バウ)』という本のシリーズ(例えば,宝島編集部1998) やテレビ番組 (例えば,NHK「みんなでニホンGO！」制作班2010) などで目にしたことがあるかもしれません。最近では,「日本で見るおかしな英語」(ワインスティン2011) や「海外で見るおかしな日本語」(柳沢2010) など,看板・貼り紙ブームはどんどん拡大しています。

[2] 実際に大学の施設課に言ってみたら,直されてしまいました。ちょっと残念。

 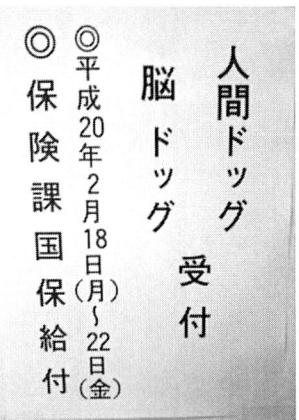

図1.1 某大学に設置された看板　　図1.2 某市役所で見かけた貼り紙

　図1.2は，正しくは「人間ドック」「脳ドック」です。ドック（dock）は船を作ったり修理したりするための施設で，「人間ドック」というのは人間を集中的に検査することを比喩的に言っているのだと考えられます。しかし，あまりなじみがない外来語のためか，よく知っているドッグ（dog）にしてしまったようです（逆に，「ホット ▭ 」のことを「ホット ▭ 」と言う人もいますね）。

1.2　言語研究者が考え込む看板の日本語

　さて，このような「看板・貼り紙の日本語のおかしみ」は，単にミスを面白がったり，ナンセンスさを笑ったりするものばかりではありません。
　以下で見ていくのは，「何か変だ」だけでなく，「なんで変だと感じるんだろう」というところまで学問的に追究することができる，深さと面白さを持つ日本語たちです。

1.2.1　禁止する看板（1）「自転車と……」

〔問2〕　図1.3の看板で「してはいけない」と禁止されているのはどんなことでしょうか？

とりあえず「ボール遊び」はしてはいけないようですが，「自転車と」のところはどのように解釈しましたか？

ここからは，言語研究者の思考を追いかけてきてもらいましょう。

現代日本語の助詞「と」の使い方の中には，「友達と遊ぶ」「彼女と結婚する」のように行為の相手を表す用法と，「リンゴとミカンとバナナ」「理想と現実」のようにいろいろな物を列挙する用法があります。

図 1.3 の「自転車と」を，この二つの「と」それぞれの解釈で考えてみると，次のようになります。

図 1.3 某マンションで見かけた禁止する看板

(1) 「と」＝相手：自転車を相手にボール遊びをしてはいけません。
(2) 「と」＝列挙：してはいけないのは，自転車とボール遊びです（自転車をしてはいけませんし，ボール遊びをしてもいけません）。

まず，(1) の「と」＝相手の場合，ボール遊びの相手として「□」はふさわしいだろうか，と考えてしまいます（自転車に乗りながらバスケットボールをするという芸当もできなくはないですが）。

一方，(2) の「と」＝列挙の場合，「自転車をする」という表現がちょっと変です。「ボール遊びをする」「ゲームをする」「料理をする」は自然なのに，「自転車をする」が不自然なのは，考えてみれば不思議ですね。「～（を）する」という形は，□に「する」をくっつけてかなり生産的に動詞を作ることができる方法なのですが，中にはこのルールに当てはまらない名詞があり，「自転車」もその一つだということになります[3]。

---

[3] 結局，この看板でマンションの管理人さんが言いたかったことは何なのか？ 残念ながら，それは謎のまま……。

1.2.2 禁止する看板（2）「立ち入り禁止！！」

また「禁止」看板ネタで恐縮ですが，学会で訪れた大学で見付けました。

〔問3〕 図1.4の看板に書かれている文を読んで，違和感はありませんか？

「関係ない人が勝手に大学構内に入ったらダメなんでしょ？」と思った人は，とても素直でいい人なのですが，もう少し注意深く考えてみましょう（ヒントは，「許可なく」するのはどんなことか，ということです）。

さて，問題となるのは2行目なので，次のような文で考えてみましょう。

(3) 許可なく／構内への立ち入りを／禁じます。

このとき，「許可なく」という表現がかかる（修飾する）のは，一般常識から考えると

図1.4 某大学で見かけた禁止する看板

「構内への立ち入り」のように思えます。しかし，「許可なく構内への立ち入り」で止めてみるとおかしいことからもわかる通り，このような修飾関係は文法的にはおかしいと言えます。つまり，この文の「立ち入り」は，「許可なく」の修飾を受け止めることができる文法的な資格がないわけです。

だとすると，この文の中で「許可なく」を受け止める資格を持っているのは誰なのか。それは「□□□□」です。つまり，問題の看板は，次の文と同じことを言っているわけです。

(4) 構内への立ち入りを／許可なく／禁じます。

つまり，この看板を文法的に観察すると，「自分の土地への立ち入りを禁止するのに誰の許可が要るの？」というツッコミができるのです。

せっかくなので，もう少し考えてみましょう。

先ほどの(3)の例文で，「構内への立ち入り」に許可が必要だ，ということを正確に言いたいときには，どのような表現を使えばいいでしょうか。言い換えれば，このままでは不適切な関係にある「許可なく」と「立ち入り」の修飾

関係を文法的に適切なものにするには，どういう修正をしたらいいでしょうか．

〔問 4〕 みなさんだったら(3)の文をどう書き換えますか？ できるだけ最少の変更ですむような形で考えてみてください．

ここでは二つだけ案を載せておきます．
(5) 許可なく　構内に □□□□ ことを　禁じます．
(6) 許可の □□ 構内への立ち入りを　禁じます．

(5)のように「立ち入り」の部分を変える場合は，「許可なく」の修飾（連用修飾[4]）を受け止められるよう，「立ち入る（こと）」という表現にします．こうすることで，「許可なく」と「禁じる」との関係をブロックできるわけです．「立ち入り」と「立ち入る」は形がよく似ていますが，文法的な性質は違うようですね．

また，(6)のように「許可なく」の部分を変える場合は，名詞である「立ち入り」を修飾（連体修飾）できるような形，例えば「許可のない」にします．

日本語の基本的単位である文は，単語をうまく並べて組み合わせていくことでできあがります．並べ方だけでなく修飾の形にも気を付けてみてね，ということを看板は私たちに教えてくれているのです[5]．

1.2.3 お願いする貼り紙

図 1.5 の貼り紙は，本来は日曜日が定休日の近所の飲食店に貼られていたもので，「日曜日ご利用の方は早い目に予約して下さい」と書いてあります．

---

[4] 「修飾」とは，ある物事について詳しく述べるための表現を付け加えることを指します．「連用修飾」は，「楽しく遊ぶ」「すごく楽しい」のように，動詞・形容詞・形容動詞（これらをまとめて「用言」といいます）に対して，「どんなふうに」「どれくらい」といった情報を付け加えるケースです．これに対して，次に出てくる「連体修飾」は，「面白い看板」「私の本」のように，名詞（体言）に対して「どのような」「どれくらいの」といった情報を付け加える修飾のことです．

[5] ちなみにこのような「勝手に禁止」を宣言する文は，あちこちの学校や大学の看板だけでなく，インターネット上でも「許可なく転載を禁じます」のような例を見ることができます（都染 2006）．

ここで注目したいのは,「早い目（め）」の部分です。いきなりこんなことを聞かれて驚くかもしれませんが,質問です。

〔問5〕 皆さんは「早いめ」という言い方をしますか？

おそらく,「早め」という言い方しかしない人（仮に「早め」派と呼びます。筆者はこちらです）と,「早いめ」（と「早め」の両方）を使う人（こちらは「早いめ」派と呼びます）に分かれるのではないかと思います。

実は,日本最大の国語辞典『日本国語大辞典（第2版）』にも,「早め」と「早いめ」の両方が見出し語として載っています。では「早いめ」を使わない「□□」派の日本語は変なのでしょうか？

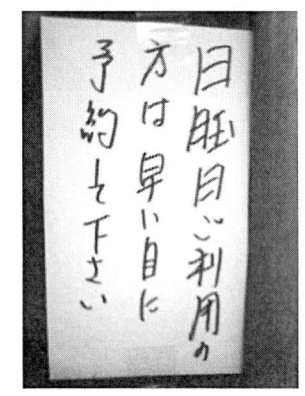

図1.5 某飲食店で見かけたお願いする貼り紙

ここで問題を交通整理するために,まず,私たちが「〜め」という表現を作るときにどのようにしているのかを考えてみましょう。

「〜め」の「〜」の部分には本当はいろいろな語が入るのですが（森田1980）,ここでは「早い」「熱い」「甘い」「多い」のような形容詞を使って,次の (7)〜(10) のような例文を作ってみました。それぞれの例文でこのような言い方をするか,空欄に判定結果（「うん,こういう言い方をする」なら「○」,「あれ,この言い方はおかしい」なら「×」）を入れながら,確認してください。

 (7) {a. □早め／b. □早いめ} に予約する。
 (8) {a. □熱め／b. □熱いめ} のお茶
 (9) {a. □甘め／b. □甘いめ} のたれ
 (10) {a. □多め／b. □多いめ} に用意する。

(7)〜(10) の a は「早め」派,b は「早いめ」派が使うはずの形ですが[6],こ

---

[6] この (7)〜(10) のうち,これは b を使うけど他は a を使う,という人もいるようです。このようなハイブリッド派のみなさんは,実は一番複雑なルールで「め」を使っていると言えます。

れらの例を見てわかる通り，どの形容詞を使っても，できあがる「形容詞＋め」の形は似ています。ここから，形容詞から「形容詞＋め」の形を作るときに私たちがしている操作は，次のようにまとめることができます。

(11) 「早め」派のルール：
　　　形容詞（「早い」「熱い」など）の「はや」「あつ」の部分（語幹[7]）を残して，「い」（活用語尾）を取った後に「め」を付ける。

(12) 「早いめ」派のルール：
　　　形容詞（「早い」「熱い」など）にそのまま「め」を付ける。

では，「濃い」に「め」を付ける場合はどうでしょうか？　特に「早め」派の人は，(13) a のように「濃め」と言うでしょうか？

(13) {a. □濃め／b. □濃いめ} のみそ汁

もし，「濃め」と言う人がいなかったとしたら，先ほどの (11) のルールは次のように修正されます。

(11′) 「早め」派のルール（修正版）：
　　　形容詞から活用語尾「い」を取った後に「め」を付ける。ただし，「濃い」の場合はそのまま「め」を付ける。

実は，ここまで「早め」派のルールとしてきたのが，共通語における「形容詞＋め」の作り方です。基本的に活用語尾を「め」に置き換えると考えてよいのですが，「濃いめ」の作り方が特例になっています。これに対して，「早いめ」派の皆さん（関西の人に多い？）は，とてもシンプルなルールに従っています。

さて，ここまで「形容詞＋め」の作り方を観察してきた手順は，まずデータを集めて，次にその観察によって，私たちの頭の中にある「め」に関する「文法知識」を推測していく，というものでした。

この手順は，日本語学者が研究するときと同じものです。私たちが，「ほら，「め」はこうやって使いなさいね」と教えられたわけでもないのに「形容詞＋め」の形を作れるのは，(□) や (12) のようなルールの形をした文法知識を持っているからだ，と言えます。

---

[7] 動詞や形容詞といった活用する（後にどのような語が続くかで語形が変わる）語には，「はやい（時期）」「はやく（ない）」「はやけれ（ば）」のように，常に形が変わらない部分（「はや」）と，後に続く語によって形が変わる部分（下線部）があります。前者を「語幹」，後者を「活用語尾」と言います。

ただし，ここで見たのは「濃い（こ・い）」のような語幹が1音節の場合と，「早い（はや・い）」のような2音節の場合のみです。「早いめ」派の皆さんは，「大きい（おおき・い）」「かわいい」のような3音節，「難しい（むずかし・い）」「おとなしい」のような4音節の場合にも同様のルールが当てはまるのか，ぜひ試してみてください。

1.2.4 方言の看板

最後に，ここまでの話題とは少し違う，方言（日本語の地域差）の問題にも触れておきます。大学にはいろいろな地域の出身者がいるはずですので，同級生と方言の話題で盛り上がったことがあるかもしれません。その看板バージョンを考えてみます。

旅行先で看板や貼り紙を注意して見ていると，面白い表現に出会うことがあります。次に挙げる図1.6，1.7は，いずれも愛媛県で見かけたものです。

図1.6は，ドライブインのレストランの入り口ののぼりに「食べさいや」と書かれており，地元の食材を旅行者にお勧めしているようです[8]。最近では，このように方言を積極的に使って地元のよさをアピールしている例を，ポスターやパンフレットなどでもよく見るようになりました。

一方，図1.7の「月決駐車場」は，「つきぎめ」を「月極」と書く人（あるいは，「月極」という全国チェーンがあると思っていた人）にとっては，間違いにも思える表記です。しかし，日本語入力（かな・漢字変換）ソフトウェアを作成しているジャストシステム社の実施したアンケートによれば，東北・四国・九州の一部の県では，「月決駐車場」という表記を「見たことがある」とする人が多いそうです[9]。アンケート結果では，愛媛県もその地域に入っていました。

この二つの例の表現はいずれも，ある地域に特徴的に見られる「方言」だと言えそうです。しかし，図1.6は意図的に方言を使っている例であるのに対し，図1.7はそうではない（ひょっとすると，地域差があることに気が付いていない）

---

[8] 「〜さいや」は「〜しなさい」「〜してください」にあたる愛媛県南予地方の方言です。

[9] 「ATOK.com：日本語アンケート「日本語の使い方」」http://www.justsystems.com/jp/atok/nihongo5/ （2012年1月25日確認）

図 1.6　愛媛県にあった方言ののぼり　　図 1.7　同じく愛媛県にあった一見すると誤字のような看板

例だと言えます。

　「この表現，方言だと思うんだけど，どんな意味だろう？」「自分と違うことばの使い方をしている！」と気が付いたらとりあえず写真で記録しておいて，大学に戻ってから図書館やインターネットで調べてみると，思わぬ発見があるかもしれません[10]。

1.3　この課のまとめ

　ここでは，いくつかの看板や貼り紙の日本語について考えてみました。「こんな細かいことに気付く人が変だ」という意見は否定しませんが，せっかくだから，みなさんもこんな趣味を持ってみませんか？

　看板や貼り紙の日本語は，本や新聞のように途中で編集者の厳しいチェックを受けていない分，書き手の頭の中のことばの「知識」がそのまま自然に出ているように思います。そこに，日本語の面白さや不思議さのタネが潜んでいま

---

[10]　最近では，看板や貼り紙のような公共の空間に見られる書きことば（文字言語）は「言語景観」と呼ばれ，さかんに研究されています（例えば，内山 2011，田中ほか 2007）。方言の例としては，早野（2008）や山田（2010）などを読んでみてください（どちらの論文もインターネット上で読めます）。

す。

　これまで無意識に日本語を使ってきた人がことばに意識を向けるためには，それなりの集中力が必要です。しかし，特別なトレーニングは必要ありません。街を歩いていて「あれっ？」と思った瞬間を大事にするだけでOKです。なんだか面白い，なんだか不思議な表現をうまくキャッチできる「ことばのアンテナ」を作ることが，ことばを意識するための出発点なのです。

　面白い看板や貼り紙があったら，とりあえずケータイのカメラで記録してみましょう。「こんな言い方する？？」というものがあったら，周りの人に聞いてみたり，日本語学の先生に見せてあげたりしてください。

《問　　題》

【基礎】　図1.8は，羽田空港で見つけた「日本空港ビルデング」という会社の貼り紙です。「ビルディング」の間違いではないかと思うかもしれませんが，これが正式な社名のようです。

　みなさんも，このような「おじいちゃん／おばあちゃんの発音っぽい外来語」の例や，それ以外の変な表記の看板や貼り紙に出会ったことがあるはずです。これまでの経験から，「面白い！」「これでいいのか？」と思った日本語の例を紹介してください。

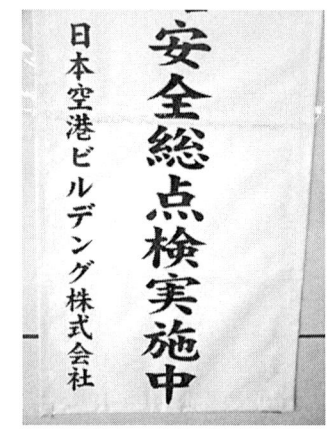

図1.8　日本空港ビルデング

【発展】　みなさんの地元や大学の近くの観光地で，方言を使った看板やポスターを目にすることがあるはずです。できるだけ多くの事例を集めて，どのような場面でどのような表現がよく使われているかを調べてみましょう。また，それらの方言は，意図的な使用かそうでないのか，意図的であればどのような目的で使われているのかを考えてみましょう（その際，注10の文献を参照するとよいでしょう）。

《興味を持った人の参考になりそうな文献》

内山純蔵（監修）（2011）『世界の言語景観　日本の言語景観―景色のなかのことば―』

桂書房

NHK「みんなでニホンGO！」制作班（編）(2010)『松本あゆ美のNHK（なんか・へんな・かんじ）講座―全国から気になる日本語を集めちゃいました！』祥伝社

宝島編集部（編）(1998)『VOW全書①―まちのヘンなもの大カタログ（宝島社文庫）』宝島社

田中ゆかり・秋山智美・上倉牧子（2007)「ネット上の"言語景観"―東京圏のデパート・自治体・観光サイトから」『言語』36(7), 74-83

都染直也（2006)『ことばのとびら』神戸新聞総合出版センター

早野慎吾（2008)「文字に書かれた宮崎方言」『地域文化研究』2, 31-40

森田良行（1980)『基礎日本語2―意味と使い方』角川書店

柳沢有紀夫（2010)『世界ニホン誤博覧会（新潮文庫)』新潮社

山田敏弘（2010)「言語景観から見た岐阜県人の方言の捉え方」『岐阜大学教育学部研究報告（人文科学)』59(1), 25-35

ワインスティン，エイミー（2011)『ネイティブは見た！　ヘンな英語』ディスカヴァー・トゥエンティワン

第2課 直訳日本語ロックに見る日本語の特徴

この課のねらい

直訳日本語ロックを皮切りに，さまざまな翻訳の観察を通して，日本語には日本語の特徴があり，英語には英語の特徴があるということ，さらには，日本語と英語は1対1できちんと対応するものではないということを学びましょう。そして，翻訳は皆さんが考えているよりずっと創造的な作業だということを実感しましょう。

キーワード：日本語と英語，コーパス，辞書，英語教育，ルール翻訳，統計翻訳

2.1 まずは比べてみよう

この課で題材にするのは，さまざまな翻訳です。まずは，「王様」による直訳日本語ロックについて見てみましょう[1]。

〔問1〕 表2.1は，広く知られたディープ・パープルの名曲"Highway Star"のもとの歌詞，表2.2は「王様」による訳詞，表2.3はアルバム『マシーン・ヘッド』の歌詞カードに載っていた"Highway Star"の日本語訳です。三者を比べてみましょう。

王様の歌詞は日本語として読むと滑稽でユーモラスですが，よく原曲の英語を見てみると，確かにそのように訳せないこともありません。

確かにもっともらしい言い回しにはなっています。しかし，歌詞カードの翻訳には，歌詞として大きな問題があります。この日本語だと，メロディに全く

---

[1] 「王様」は，英語詞を「直訳」し原曲に乗せて歌うという直訳ロックと呼ばれるスタイルで有名になったミュージシャンです。この「直訳」についてはこの課のテーマと合わせ考えたいと思います。

2.1 まずは比べてみよう

表 2.1 "Highway Star" の歌詞

"Highway Star"

Nobody gonna take my car
I'm gonna race it to the ground
Nobody gonna beat my car
It's gonna break the speed of sound
Oooh it's a killing machine
It's got everything
Like a driving power big fat tires and everything
I love it and I need it
I bleed it yeah it's a wild hurricane
Alright hold tight I'm a Highway Star
　　　［Ritchie Blackmore (Deep Purple), 1972. JASRAC（出）0H0-2857-5］

HIGHWAY STAR
Words & Music by Roger Glover, Ian Paice, Ritchie Blackmore, Jon Lord and Ian Gilan
© 1972 HEC MUSIC
Permission granted by EMI Music Publishing Japan Ltd.
Authorized for sale only in Japan

表 2.2 「王様」による "Highway Star" の訳詞

『高速道路の星』

俺の車にゃ誰も乗れぬ
命がけのレース
俺の車にゃ誰も勝てぬ
凄いスピードを出す
う〜む最高！
言うことなしだぜ
こりゃパワーもあるしタイヤも太いし全部ある
愛してる　必要だ　首ったけ
う〜　激しい嵐
大丈夫　抱いてやる　俺ら　高速道路の星
　　　　　　　　　［王様, 1995. JASRAC（出）0H0-2857-5］

表 2.3 "Highway Star" の歌詞カードに付された日本語訳

『ハイウェイ・スター』

オレのクルマは誰にも渡さない
思い切り走らせてやるぜ
オレのクルマは誰にも負けない
音速よりも速く走らせてやるぜ
殺人的なマシーンなのさ
パワー・ドライブに　デカくて太いタイヤなど装備は十分さ
お気に入りのこいつが　オレには欠かせない
とことん走らせてやるぜ
荒れ狂うハリケーンなのさ
いいか，しっかり掴まれよ　オレはハイウェイ・スターなのさ
　　　　　　　　［大家尚子, 1972. JASRAC（出）0H0-2857-5］

合っておらず,「どんな歌詞なのか知りたい」という目的には合っていますが,歌えないのです。

　「王様」の歌詞では,最後の部分の"Highway Star"は「　　　　　　　」と訳されています。これはタイトルにもなっていますが,外来語として定着している「ハイウェイ」や「スター」をわざわざ日本語に訳すあたり,普通ではない面白さを狙っていると言えます。

　その一方で,"Oooh it's a killing machine"を「王様」は「う〜む最高！」と訳しており,実はこれは直訳とは言い難いところです。むしろ,CDの歌詞カードの「　　　　　　　　　　　　」の方がどう考えても直訳です。

　「王様」は直訳日本語ロックと言われますが,実際にはメロディに乗せて歌えることを重視しており,案外,直訳でない部分も多く見受けられます。直訳日本語ロックの面白さは,直訳という手法だけではなく,タイトルや最後の部分の「高速道路の星」のように,面白く直訳できた部分に合わせた意訳との取り合わせの妙で,「〜乗れぬ／勝てぬ」「〜だぜ」など,全体の言い回しを調和させているところにあると言えます。

　また,原曲の最後の部分で"Alright hold tight"と,英語で韻を踏んでいる部分があります[2]。英語で韻を踏んでいる場合,それを日本語に訳してしまうと,どうしてこの位置にこんな歌詞を持ってきたのか,意味がわからなくなることがよくあります。実際,「王様」の歌詞では「大丈夫　抱いてやる」と,単語の一対一対応で訳していますが,原曲に立ち返らないと何のことかわかりません[3]。

　しかし,表2.3の歌詞カードの訳を見てみても,「いいか,しっかり摑まれよ」となっており,無難ではありますが,どうしてここでこんなことを言うのか,わかったようでわかりません。訳詞の一つの難点であると言えるでしょう。

---

[2]　ヒップホップでは,日本語でもよく使われる手法ですね。ここでは,"Alright"の"(r)ight"と"hold tight"の"(t)ight"が韻を踏んでいます。

[3]　「王様」の歌詞では,この「わからなさ」をうまく使っているからこそ面白いのですが。

2.2 無料翻訳サイトによる直訳

　直訳と言えば，インターネットで利用できる無料翻訳サイトも凄まじい威力を持っています。2011年5月現在，Yahoo! Japanの「自動翻訳サイト」というカテゴリーに登録されている無料翻訳サイトは以下の13です。
　1. Yahoo! 翻訳／2. infoseek マルチ翻訳／3. livedoor 翻訳／4. Google 翻訳／5. OCN 翻訳サービス／6. POP 辞書.com／7. Google 言語ツール／8. GOKOREA／9. 訳してねっと／10. Excite 翻訳／11. au one 翻訳／12. @nifty 翻訳／13. So-net 翻訳
　このうち，1の Yahoo! 翻訳に "Highway Star" を翻訳させてみた結果は表2.4の通りです。

表2.4 「Yahoo! 翻訳」による "Highway Star" の日本語訳

『ハイウェイ・スター』
私の車に乗りそうな誰もない
私は，地面にそれを競争させるつもりです
私の車を打ちそうな誰もない
それは，音速を破りそうです
それがそうである Oooh 殺害機械
それは，すべてを得ました
大きい脂肪が疲れさせる推進力その他いろいろのように
私はそれが好きです，そして，私はそれを必要とします
私は，それから抜き取りますそれがそうであるはい野生のハリケーン
確かに，きつく，私がハイウェイ・スターであると考えてください

　いかがでしょうか。なかなか凄まじい翻訳になっています。私の車は「殺害機械」だそうです。危険ですね。また，「大きい脂肪が疲れさせる推進力その他いろいろのように」は特に意味不明です。これは "tires" が名詞の「タイヤ」ではなく，動詞の「疲れさせる」と訳されたため，構文そのものが変わってしまっていることが原因です。他にも各所にもとの歌詞を想像しがたい表現が見られます。
　さて，前節では "Highway Star" を王様が「　　　　　　」と訳している点に触れましたが，これについては Yahoo! 翻訳でも「ハイウェイ・スター」

とカタカナで表記しています[4]。王様の意図的なやり過ぎが裏付けられたと言えるでしょう。

次は 8 の Google 翻訳に頑張ってもらいましょう（表 2.5）。

表 2.5 「Google 翻訳」による "Highway Star" の日本語訳

『ハイウェイスター』
誰も私の車を取るつもり
私は地面にレースを gonna である
誰も私の車を叩きのめす
これは，音のスピードを破るつもりだ
うーん，それは殺人マシンだ
これは，すべてを持っている
駆動力の大きな太いタイヤ，すべて同様に
私はそれを愛し，私はそれを必要とする
私はそれが野生のハリケーンだえ出血
さて，私はハイウェイスターだ抱きしめて

全体として，問題がある部分もありますが，どちらかというと Yahoo! 翻訳よりもそれらしく見えるのではないでしょうか。その一方で目に付くのは，「私は地面にレースを gonna である」の gonna を，そのまま残していることです。一般的な翻訳ソフトは，基本的に対応辞書に基づいて無理矢理に直訳する「ルール翻訳」を行っています。先ほどの Yahoo! 翻訳は，ルール翻訳です。

しかし，ルール翻訳の場合は，固有名詞でもない限り，原語がそのまま残ることはないはずです。にもかかわらず，Google 翻訳で gonna がそのまま残っているのは，Google 翻訳がルール翻訳ではなく，「統計翻訳」というシステムを採用しているからです。

統計翻訳とは，パラレルコーパスと呼ばれる文どうしの対応がついた 2 言語間のコーパス（言語の集積体）を用いて確率を推定する方法です。ルール翻訳の場合は，単語レベルの一対一対応を基準としてしまいがちですが，統計翻訳の場合は，句・節・文レベルのまとまった対応が可能です。例えば，"Time flies like an arrow." という文を，ルール翻訳である Yahoo! 翻訳と，統計翻訳である Google 翻訳に訳させてみましょう。

---

[4] なぜか「・」が入ってはいますが。

Time flies like an arrow.
→ Yahoo! 翻訳「時間は，矢のような状態で飛びます。」
→ Google 翻訳「光陰矢の如し。」

このように，文レベルでの翻訳では，□翻訳は有利です[5]。

一方で，統計翻訳は不利な面もあります。それは，もととなるパラレルコーパスに引きずられて，ある特定の翻訳に偏ってしまうことがあるという面です。1988 年に Wink という女性デュオが『愛が止まらない〜 Turn It Into Love 〜』というヒット曲を出しました。これはヘイゼル・ディーンの "Turn It Into Love" という曲のカヴァーでした[6]。しかし，『愛が止まらない〜 Turn It Into Love 〜』は，"Turn It Into Love" とは歌詞が全く対応しておらず，当時のトレンディドラマ風に味付けされた歌詞に変わっています。例えば，原曲である "Turn It Into Love" の冒頭部分は表 2.6 のようになっています。歌詞カードの訳も示しておきましょう。ちなみに，下記の訳には，すでに「愛が止まらない」という邦題が付いていたようです。

表 2.6 "Turn It Into Love" のもとの歌詞と歌詞カードの日本語訳

Did you believe I'd let you down	私が落ち込ませるなんて本気で思ってたわけ？
Your jealous heart gave you the runaround	嫉妬心に翻弄されたあなたは
You couldn't see	私がこれからも友達だってことが
That I would always be your friend	わからなくなってたのよ
[AITKEN MATT, 1988. JASRAC (出) 0T3-3977-7]	[浅見もなみ，1988. JASRAC (出) 0T3-3977-7]

TURN IT INTO LOVE
Words & Music by Mat Aitken, Peter Alan Waterman and Michael Stock
© Copyright by SIDS SONGS LTD. / ALL BOYS MUSIC LTD.
All Rights Reserved. International Copyright Secured.
Print rights for Japan controlled by Shinko Music Entertainment Co., Ltd.

© Copyright 1988 by Mike Stock Publishing Ltd.
The rights for Japan licensed to Sony Music Publishing (Japan) Inc.

しかし，及川眠子の訳による Wink の『愛が止まらない〜 Turn It Into Love 〜』では以下の通りです。

---

[5] もちろん，Yahoo! 翻訳も "flies" を「蠅たち」と訳し，「時間蠅は矢が好き」と訳さないだけマシとも言えます。

[6] 『愛が止まらない』は，カイリー・ミノーグのカヴァーだと思っている人も多いようですが，実はカイリー・ミノーグの "Turn It Into Love" も，ヘイゼル・ディーンのカヴァーなのです。

Car Radio 流れるせつなすぎるバラードが友達のラインこわしたの
　　　　　　［及川眠子，1988．JASRAC（出）0T3-3977-7］

　全く違うことがわかるでしょう。海外のカヴァー曲は，原曲の歌詞を尊重すると，"Highway Star"の歌詞カードと同様，リズムに合わず歌えないことが多いのです。したがって，原曲のメロディだけ使って，歌詞は書き換えてしまう場合も少なくありません。
　ではここで，日本語タイトルの「愛が止まらない」を，◯◯◯◯翻訳であるYahoo! 翻訳と，◯◯◯◯翻訳であるGoogle 翻訳に英訳させてみましょう。

　　愛が止まらない
　→ Yahoo! 翻訳 "Love does not stop"
　→ Google 翻訳 "Turn It Into Love"

　もちろん，Yahoo! 翻訳の訳がいいというわけではありませんが，Google 翻訳では，パラレルコーパスをもとに確率を計算した結果，Wink の曲名が多くヒットしてしまい，全く意味の違う訳になってしまったのです。
　実際，Google 翻訳では「愛が止まらないです」のように「です」を付加するだけで，以下のように英訳がかなりよくなります。◯◯◯◯翻訳の Yahoo! 翻訳が，全く結果が変わらないことと対照的です。

　　愛が止まらないです
　→ Yahoo! 翻訳 "Love does not stop"
　→ Google 翻訳 "I can not stop love"

　翻訳ソフトに限界があることは誰もが知っています。翻訳ソフトを有効に使うには，例えば日本語→英語の翻訳であれば，翻訳ソフトが訳しやすい日本語を入力すべきです。しかし，そうなると，英語力というより，日本語力が問われるのではないかという気もしてきます。次節では，この点について考えてみましょう。

2.3 英語教育における直訳と意訳

　日本語と英語は異なる言語です．単語や文レベルで一対一対応するとは限りません．直訳日本語ロックでひとしきり笑った後は，そもそも中学や高校の「英訳」や「英作」では，何が要求されていたのか？　という疑問がわいてきます．

　私たちは中高の英語教育において，基本的には直訳をベースとして教えられてきています．□□は多少，日本語としておかしくとも，原文である英語の文法構造や単語を忠実に再現することを優先する方法です．私たちのまっとうな日本語の感覚では，「太郎は花子によって右肩に触れられた」という文を聞けば，あまりに不自然だということになるでしょうし，自然会話でこのような日本語を発することは人生で一度もないでしょう．それにもかかわらず，英語の時間においてだけは，こうした日本語が正解というルールを許容しているのです[7]．

　直訳に対して意訳ということばがあります．一般的に言えば，法律のような文書であれば，多少の不自然さがあったとしても，直訳は意味があるでしょうし，その一方で文学作品などは，翻訳者の力量が問われるところで意訳が推奨されます．翻訳者の力量が問われるということは，すなわち意訳という行為が，単なる置き換えではなく，一種の創造であることを意味しています[8]．

　中高の英語教育においても直訳だけでなく，もちろん□□が推奨される項目もあります．例えば，高校英語では無生物主語構文というものを学習します．

(1) The heavy snow prevented him from going home yesterday.（原文）
(2) あの大雪は昨日，彼の帰宅を妨げた．（直訳）
(3) あの大雪のため，彼は昨日家に帰れなかった．（意訳）

原文である (1) は，"The heavy snow" という無生物が主語になります．これを直訳すると (2) のようになりますが，日本語では原因・理由を表す

---

[7] その意味では，「王様」は私たちに笑いと皮肉を提供してくれたと言ってもよいでしょう．
[8] ただし，意訳ということばも，その範囲は常に明確ではありません．どこまでが意訳かという取り決めは誰もしていない（できない）からです．例えば，"Highway Star" の歌詞 "Yeah it's a wild hurricane" をただ「Yeah!」と訳したとしたら，それは意訳と言いきれるのでしょうか．

☐を主語とするのは，間違いではないにせよ不自然になりがちとされています。したがって，無生物主語構文については（3）のような意訳が推奨されます。

　中高の英語教育では直訳を基本としていますが，無生物主語構文については，(2)ではなく(3)の訳を求めるのです。つまり，根本的な方針が，特定の場合だけ変わってしまうのです。他の構文については☐な日本語訳を許容していながら，無生物主語構文については(3)の訳を求めるとしたら，これはいったい，何の能力を測っているのでしょうか。

　(1)から(2)に訳すのは英訳の能力と言えますが，(2)を(3)に変換するのは英語ではなく日本語の能力の問題です。つまり，(3)を正解として求める場合は，比率は不明だとしても，英語の能力と日本語の能力の両方を判定していることになります。(3)から(1)を英作するときにも，同じことが言えます。

　以上のことは，英語能力を測る妥当性というものを考えるとき，見過ごすことのできない問題と言えるでしょう[9]。

2.4　この課のまとめ

　この課では，直訳日本語ロックや無料翻訳サイト，英語教育における直訳と意訳を通して，日本語と英語のそれぞれの特徴について学びました。日本語と英語は簡単に一対一で対応させることができるようなものではなく，日本語には日本語，英語には英語にふさわしい文脈というものがあることがわかったと思います。

　無料翻訳サイトは，今はまだまだ自然な日本語や英語に追い付けそうにありません。まだまだ人間の方が優位です。したがって，私たちは機械のように直訳にとらわれることなく，柔軟な発想で意訳をすることが大切です。

---

[9] 妥当性とは，ある課題によってある能力を測る場合に，適切に測れるかどうかを問うことです。例えば「足の速さ」という能力を測るのに，「50m走のタイム」という課題は妥当性が高いと言えます。しかし，「記憶力」という能力を測るのに，「三日前の夕食のメニューが言えるか」という課題は，記憶力に関係ないことはないのですが，たまたま三日前の夕食がご馳走だったなど他の要因も関係してくるため，妥当性が高いとは言えないということになります。

《問　　題》

【基礎】
(1) Yahoo! Japanの「自動翻訳サイト」に登録されている無料翻訳サイトに，「私の高校は制服です」のような，いろいろな文を投入して翻訳結果を予想してみましょう。
(2) 英語に直訳するとおかしくなってしまう日本語の文を三つ以上考え，おかしくなる理由を考えてみましょう。

【発展】
(1) 日本語は「なる」型の言語で，英語は「する」型の言語と言われます。「する」型，「なる」型の特徴を表す日英語のペアを三つ以上挙げ，日本語と英語の発想の違いについて考えてみましょう。
(2) 日本語の歌の場合，歌詞が韻を踏んでいるということは，どれぐらいあるでしょうか。ヒップホップだけでなく，さまざまなジャンルの歌を調べてみましょう。

《興味を持った人の参考になりそうな文献》

荒木健治（2004）『自然言語処理ことはじめ―言葉を覚え会話のできるコンピュータ』森北出版

安西徹雄（1995）『英文翻訳術』筑摩書房

安西徹雄（2000）『英語の発想』筑摩書房

安西徹雄（2008）『翻訳英文法―訳し方のルール（新装版）』バベルプレス

池上嘉彦（1981）『「する」と「なる」の言語学―言語と文化のタイポロジーへの試論』大修館書店

越前敏弥（2009）『越前敏弥の日本人なら必ず誤訳する英文』ディスカヴァー・トゥエンティワン

越前敏弥（2011）『越前敏弥の日本人なら必ず悪訳する英文』ディスカヴァー・トゥエンティワン

尾崎　茂（2008）『言語テスト学入門―テスト作成の基本理念と研究法―』大学教育出版

オルダーソン，チャールズ・ウォール，ダイアン・クラッファム，キャロライン（著），渡部良典（訳）（2010）『言語テストの作成と評価―あたらしい外国語教育のために』春風社

杉浦滋子（2009）「無料翻訳サイトの翻訳能力の現実（特集　機械翻訳の実際）」『日本語学』28(12), 4-13
杉浦滋子（2011）「機械翻訳ソフト」荻野綱男・田野村忠温（編）『講座ITと日本語研究　第2巻　アプリケーションソフトの基礎』187-233, 明治書院
寺村秀夫（1976）「「ナル表現」と「スル表現」─日英「態」表現の比較」寺村秀夫論文集刊行委員会（編）(1993)『寺村秀夫論文集Ⅱ─言語学・日本語教育編─』213-232, くろしお出版
中川正之（1992）「類型論からみた中国語・日本語・英語」大河内康憲（編）『日本語と中国語の対照研究論文集（上）』3-21, くろしお出版
中村保男（編）(2008)『英和翻訳表現辞典　基本表現・文法編』研究社
中村保男（2002）『新編　英和翻訳表現辞典』研究社
中村洋一（2002）『テストで言語能力は測れるか─言語テストデータ分析入門』桐原書店
別宮貞徳（2006）『さらば学校英語　実践翻訳の技術』筑摩書房
別宮貞徳（2009）『裏返し文章講座─翻訳から考える日本語の品格』筑摩書房
光藤京子・田辺希久子（2008）『英日日英　プロが教える基礎からの翻訳スキル』三修社
宮脇孝雄（2000）『翻訳の基本─原文どおりに日本語に』研究社出版
宮脇孝雄（2010）『続・翻訳の基本─素直な訳文の作り方』研究社出版

第3課 誤変換はなぜ面白い？

この課のねらい

この課では，コンピュータの誤変換や人間の言い間違いなどの間違いを楽しむ文化に触れながら，日本語の形態素と文体，文字について学びましょう。

キーワード：誤変換（変換ミス），単漢字変換，単語変換，連文節変換，予測変換，形態素解析，辞書，文脈，言い間違い

3.1 誤変換はなぜ起こるのか？

まず，次の二つの文を比べてみましょう。

　　入力するつもりだった文：今年から海外に住み始めました。
　　コンピュータで変換された文：今年から貝が胃に棲み始めました。

ごく普通の文が，コンピュータの誤変換（変換ミスとも言います）によって壊れてしまっているのですが，その壊れ具合が面白いですね。この「今年から貝が胃に棲み始めました」は，日本漢字能力検定協会主催の「変漢ミスコンテスト」の年間変漢賞を受賞しました[1]。

誤変換がなぜ面白いのかについては，後に譲るとして，ここでは誤変換がなぜ起こるのかについて考えてみましょう。

日本語をコンピュータなどに入力する際には，かなを漢字に変換させる必要があります。そのためのシステムを紹介してみましょう。

かな漢字変換において，もっとも原始的なシステムは単漢字変換です。単漢

---

[1] 「変漢ミスコンテスト」では，エピソードも付けられており，そこには「念願の海外移住を実現させた友人からのメール。お肉より魚介類を好んでいた彼女ですが，まさかここまで好きだったとは・・あっぱれ仰天！　春にはママになる彼女，お腹の赤ちゃんはすくすく成長中！　のようですが，胃の中は大丈夫なのかしら？」とあります。

字変換は，とにかく一つ一つの漢字について，音読みを駆使して入力していくシステムです。例えば，「単漢字」の場合，「たん／かん／じ」のように一つの漢字ごとに変換していきます。私の環境では，「たん」は真っ先に「単」に変換されましたが，「かん」は「観」が第1候補で，「漢」は13番目でした[2]。「じ」は「時」が第1候補で，「字」は2番目でした。単漢字変換では文脈を考慮しないため，日本語母語話者にとって，思考そのままのスムーズな流れというわけにはいきません。

　次に単語変換というシステムもあります。これは，単語レベルでの選択が可能となるので，多数の同音異義語の場合は，選択肢が多くなるという弱点はあるものの，日本語母語話者にとっては相当に楽になります。たとえば，「単漢字」の場合，「たん／かんじ」のように，接頭辞の「単」と「漢字」に分けられます。「たん」から「単」への変換は先ほども第1候補でしたので，問題ありません[3]。次の「かんじ」は，単語レベルで見れば「漢字」が第1候補になりやすいでしょう。もちろん，「感じ」や「幹事」なども候補に挙がりますが，それでも単漢字変換に比べれば，ずっと日本語母語話者にとって選びやすくなります。

　しかし，現代においては，固有名詞など，ごく特殊な単語を除いて，単漢字変換や単語変換を行うことはありません。現在の日本語入力システムにおいては，ほぼ例外なく連文節変換が導入されています。さらには携帯電話では予測変換[4]が一般的です。

　連文節変換とは，かな漢字変換における変換方式の一つであり，文節の区切りを自動的に定めて変換する機能のことです。この「文節の区切りを自動的に定める」というところがポイントです。つまり，コンピュータに相当，依存したシステムであるということです。例えば，「単漢字変換」の場合，「たんかんじ／へんかん」のように，「単漢字」と「変換」に分けられます。単語変換に

---

[2]　どの漢字が先に提示されるかは，環境によって異なります。現在のかな漢字変換システムには学習機能が備わっており，過去に頻繁に変換した漢字が上位となるからです。
[3]　間違うとすれば，同じく接頭辞の「短」ぐらいでしょうか。
[4]　予測変換の最大の特徴は，入力が途中であっても予測される候補が表示される点です。携帯電話での日本語入力は，パソコンのキーボードに比べるとボタンが小さく何度も押す必要があるため，予測変換が重宝されるようになりました。

比べて，さらに区切りが少なくなったことがわかります。変換機能を測るための有名な文に，「きしゃのきしゃはきしゃできしゃした」というものがあります。連文節変換では，「きしゃの／きしゃは／きしゃで／きしゃした」のように名詞と助詞の組み合わせで分け，「□□□□□□□□□□□□□□□□」と変換します。

このように，□□□□□□では，コンピュータが形態素解析[5]によって，人間が特に指定しなくても自動的に適正と判断される文節の区切り位置で分割し，個々に変換を行います。つまり私たちは，連文節変換というシステムにおいて，□□□□□□という耳慣れない技術の恩恵を知らず知らずのうちに受けているのです。

このように，連文節変換では，人間の入力した読みを受け取り，形態素解析および読みと漢字との変換対応表（いわゆる辞書）を用いて，漢字仮名交じり文に変換して出力します。このとき，形態素解析ミスと，辞書による誤った対応付けによって，□□□□は起こるのです。

3.2　誤変換はなぜ起こるのか1 ―形態素解析ミス

では，冒頭の例を使って誤変換の生じるプロセスを具体的に見ていきましょう。ここで改めて，正しい変換と誤変換を下に示しておきます。

　　正しい変換：今年から海外に住み始めました。
　　誤変換：今年から貝が胃に棲み始めました。

まず，「今年から」については，誤変換はありません。次の「海外に」が「貝が胃に」で形態素解析ミスが生じています。正しい変換では，「かいがいに」は一文節ですが，誤変換では「かいが」と「いに」という二文節に分割しています。この□□□□□□が，誤変換を引き起こしたのです。「かいが」と「い

---

[5] 形態素解析とは，「貴社の記者は汽車で帰社した」で言えば，「きしゃ」を名詞，「の／は／で」を助詞，「した」を「「する」の連用形と助動詞「た」の組み合わせ」として判定し，切り分けていく技術です。もちろん，間違うこともありますが，近年，飛躍的に進歩が見られる分野です。

に」という二文節に分割した場合，「貝が」と「胃に」という辞書による対応付けは，日本語母語話者にとっても，それほど突拍子のないものではなく，むしろ一般的であると言えるでしょう．

次に「すみはじめました」について言えば，「始めました」には誤変換はなく，その前の「すみ」に誤変換があります．ただ，「住み」と「棲み」の差異は，動作の主体が人間か動物かという違いはありますが，決定的な誤変換とは言えないでしょう．この誤変換は文に現れていない動作の主体が，正しい変換では「私は」なのですが，誤変換では新たに現れた「貝が」を 　　　　　 とみなしてしまっているわけです．それほど珍しい誤変換ではありません．

このように，野暮を承知で分析してみると，「変漢ミスコンテスト」の年間変漢賞受賞作の誤変換の生じた理由は，「かいがいに」をコンピュータが一文節と捉えるか二文節と捉えるかだけが原因のようです．

〔問1〕 次の表3.1は，日本漢字能力検定協会による「変漢ミスコンテスト」において，「月間変漢賞」「e-漢字賞」を受賞した作品の一部をまとめたものです．これらの作品について，形態素解析の観点から，誤変換が生じた理由を考えてみましょう．

表3.1 「変漢ミスコンテスト」の受賞作品（形態素解析に関係する例）

正しい変換	誤変換
500円でおやつ買わないと	500円で親使わないと
5季ぶり快勝	
ぜんざい3杯の誘惑に負けた	
その辺大変でしょ？	その変態変でしょ？
地区陸上大会	
電車間に合いそう	
今年中に埋蔵金を発掘したいと思う	
だいたいコツがつかめると思います	
内容を理解し対応時には十分に注意	
誰か，ビデオとってるやついないか！？	誰か，美で劣ってるやついないか！？

3.3　誤変換はなぜ起こるのか2—辞書の対応付けミス

ここでは，誤変換が起こるもう一つの理由について考えてみましょう．形態

3.3 誤変換はなぜ起こるのか2—辞書の対応付けミス

素解析ミスによらない誤変換のほとんどは，辞書の対応付けミスによるものです。「変漢ミスコンテスト」から例を挙げて考えてみましょう[6]。

　　正しい変換：帰省中で渋滞だ。
　　誤変換：寄生虫で渋滞だ。

　日本語では，漢字の音読みのバリエーションが少ないため，同音異義語が非常に多いのが特徴です。例えば『新明解国語辞典　第三版』で「こうかい」を引くと，「公海」「公開」「更改」「後会」「後悔」「狡獪」「航海」「降灰」の八つの同音異義語が載っています。ATOK2010（ジャストシステム社）では，この他に「降海」「黄海」「紅海」「公会」「高階」「幸海」の六つが選択肢として表示されます。ここで挙げた 　　　　　　　 は，すべて漢語によるものばかりですが，誤変換では，外来語などが絶妙に混じることもあります（これについては後で述べます）。

〔問2〕　次の表3.2は，日本漢字能力検定協会による「変漢ミスコンテスト」において，「月間変漢賞」「e-漢字賞」を受賞した作品の一部をまとめたものです。これらの作品について，辞書の対応付けミスの観点から，なぜこの誤変換が面白いのか考えてみましょう。

表3.2　「変漢ミスコンテスト」の受賞作品（辞書の対応付けミスに関係する例）

正しい変換	誤変換
助走はできるだけ速く	女装はできるだけ早く
イブは空いています	
生ごみが散乱しています	
今日は見に来てくれてありがとう	今日はミニ着てくれてありがとう
うちの子は耳下腺炎でした	
「同棲しよう！」…でも言えなかった	
正解はお金です	

---

[6]　エピソードでは「車で移動中の助手席で，目的地にいる友人にメールを送ろうとしたときのこと。遅れそうだったので，携帯メールで今の状況を伝えようと思ったら，とんでもない状況に変わってしまった」とのこと。これもなかなか乙ですね。

3.4 誤変換はなぜ面白いのか？

ここまで見てきた通り，誤変換は，読み（入力文字列上）は同一であるにもかかわらず，正しい変換と誤変換の間に意味的な落差が生まれるため，面白さが生じます。真面目な文脈で語られれば語られるほど，誤変換との間にギャップが生じて面白くなるといった仕組みになっており，冒頭の「貝が胃に棲み始めました」もその例です。

逆に，ごく普通のことを言ったつもりが，ものすごく高尚な物言いにすり替わって笑いを誘うというタイプもあります。例を挙げて考えてみましょう。

　　正しい変換：老いていく両親が心配で
　　誤変換：置いていく良心が心配で

正しい変換も，もちろん不真面目さは一切ない悩みです。しかし，誤変換の哲学ぶりにはかないません。なかなか考えさせられます。

結局のところ誤変換の面白さは，正しい変換との 〔　　　　〕 にあると言ってよいでしょう。

3.5 誤変換の最後の砦―文字表記に潜む罠

誤変換の最後の原因は，文字表記に潜む罠です。まず，日本語では，音声上は「わ」と読む場合でも，文字表記上は「は」となることがあります。やはりコンテストの受賞作品から，これが効いている例を三つ，次の表3.3に挙げておきます。

表3.3 「変漢ミスコンテスト」の受賞作品（音声「わ」と文字「は」に関係する例）

正しい変換	誤変換
八つ橋ラベル，気をつけてね	ヤツは調べる，気をつけてね
先行はナビ付きの車	〔　　　　〕
朝八時？	〔　　　　〕

3.6 言いまつがい

次に,文字表記に潜む罠として,和語として入力したつもりが,外来語として変換されるという例,もしくはその逆に外来語が和語に変換されるという,語種(第5課参照)に関わる例を表3.4に挙げておきましょう[7]。

表3.4 「変漢ミスコンテスト」の受賞作品(語種に関係する例)

正しい変換	誤変換
クルマにあるみかんを投げてちょうだい	クルマにアルミ缶を投げてちょうだい
テレビの発する情報	
今日カラオケ行こ	

3.6 言いまつがい

誤変換にとどまらず,さらに掘り下げて考えてみたいのは,人間の言い間違いやその周辺です。ここではそれらを,コピーライター・糸井重里氏のことばを借りて(定義を下に挙げておきます),仮に「言いまつがい」と呼んでおきます[8]。

> 言い間違いや,やり間違い,長い間の勘違いなど,日常に起こったあらゆる間違いのこと。おかしみを含んでいることが多い。糸井重里の娘が,幼少の頃,自らの間違いに気づき口走った「なおこちゃん(仮名),まつがった!」に端を発する。　　　　　　　　　　　[糸井2011a:扉より]

誤変換が ▭ による間違いであるのに対し,「言いまつがい」はヒューマン・エラー(人間による間違い)です[9]。典型的な「言いまつがい」には,

---

[7] 変漢ミスコンテストの面白さは,エピソードの妙味にもあります。是非,サイトに行ってエピソードを確認してみてください。

[8] 実は筆者も娘が2歳のとき,「アイスクリーム」のことを「アイスクミール」と言い間違えたのを聞いて,「ふむ,なるほど」と思ったもので,この定義には共感します。

[9] 「言いまつがい」は糸井氏の意図により,面白さが前面に押し出されていますが,時と場合によっては深刻な「言い間違い」も存在します。寺尾(2002)の冒頭には,「言い間違い」で辞表まで出したアナウンサーの例も挙げられています。「言い間違い」以外のヒューマン・エラーの類例については,海保・田辺(1996)を参照してください。

読み間違い（覚え間違い）があり，これは特に予測が働きにくい固有名詞の場合によく起きます。糸井（2011b：217-220）にある，『ハウルの動く城』の「言いまつがい」の例を見てみましょう[10]。

a. ハウルの歩く城[11]　d. 駿（はやお）の動く城　g. ナムルの動く城
b. ハウルの働く城　　e. パウエルの動く城　　h. ハウルの動く物置
c. ハウルの長い城　　f. ハルクの動く風呂　　i. ハウルのホントは動く城

最初に挙げたa〜cは「動く」の「言いまつがい」ですが，次のd〜gは固有名詞「ハウル」の「言いまつがい」で，このうちdは原作者の _____ が「は」つながりで連想されたものでしょう。また，fと□は最後の名詞部分の「言いまつがい」です（つまりfは合わせ技一本！ですね）。最後のiは5歳の子どもの「言いまつがい」だそうですが，なかなか味わい深いものがありますね。

このような「言いまつがい」も，面白さのポイントは，やはり誤変換と同じく，本来のことばとのギャップにあります。しかし，誤変換とは異なり，「読みは（入力文字列としては）同一でなければならない」という制約がないため，不規則に，いくらでもできます。

では，もう少し規則性のある「言いまつがい」はないものでしょうか。実はあります。それは，文字や音声の逆転現象です。糸井（2011a, b）にある例を，正しいことばとともに次の表3.5にまとめてみましょう[12]。

まず，aは単語ごと逆転している例で，bとcは漢字が逆転している例です。dからlまでは，一音が逆転している例です。文脈がなければ正しいことばの復元が難しいという例も多々あります。lとmは，lで間違って，言い直したらmになったという二段構えの波状攻撃です。焦ると余計に言い間違えることってありますよね[13]。

最後に，もう一つ音声的な面で，「言いまつがい」の無限の可能性を感じさ

---

[10] 『ハウルの動く城』は2004年に公開された，宮崎駿監督による長編ファンタジーアニメ映画で，日本だけでなく海外でも人気を博しています。ちなみに，いまこの原稿を書いているときに，「動く城」が「雨後釧路」と誤変換されてしまいました。
[11] これも変換するときに「ハウルのある釧路」と…。あ，もういいですか。
[12] 表3.5のl, mは糸井（2011b），その他は糸井（2011a）にあるものです。

3.6 言いまつがい

表3.5 正しいことばとその「言いまつがい」(文字や音声の逆転現象による例)

	正しいことば	言いまつがい
a.	銀行行くのでハンコください	ハンコ行くので銀行ください
b.	本日中にFAXお願いします	日本中にFAXお願いします
c.	今,年中組かい？	今,中年組かい？
d.	かぶるかつら	かつるかぶら
e.	ロッテリア,寄ってく？	ヨッテリア,□ってく？
f.	夜のドライブ	どるのヨライブ
g.	木工用ボンド	木工ほうヨンド
h.	ハミング1／3	サミング半分の1
i.	うどん太くない？	ふとんどくない？
j.	キャミソールと重ね着	カミソールとキャさね着
k.	□□□□したドラマ	ドラドラしたドロマ
l.	リンスインシャンプー	リンプインシャンスー
m.	リンスインシャンプー	シャンプイン□□□ー

せる例を,糸井(2011a：216)から挙げてみましょう。

　　客：あの『言いまつがい』という本を探しているのですが…
　　店員：『リーマ・ツヴァイ』でございますか？
　　客：いえ,『イ・イ・マ・ツ・ガ・イ』です
　　店員：『ビー・ナイス・ガイ』でございますね？

ちなみに挿絵によると,上記の「客」は女性のようです。ギャップがすべてというにふさわしい「言いまつがい」,いや正確に言えば「聞きまつがい」に基づく「言いまつがい」です[14]。規則性が読みやすい逆転現象にしても,「どの部分を逆転させるか」という点において創造性が豊かであり,さすが人間の「言いまつがい」は,コンピュータの及ぶところではありません。

---

[13] 表3.5の「言いまつがい」の例は,位置こそさまざまながら,すべて単純な逆転で生じています。しかし,わが娘の「アイスクミール」(注6参照)では,「リ(ri)」が「ミ(mi)」に,「ム(mu)」が「ル(ru)」にと,母音はそのままで子音だけが逆転していてちょっと複雑です(おお,さすが日本語研究者の娘！)。類例に「テベリ(テレビ)」や「ペンカイッティン(天下一品)」などもあります。なお,寺尾(2002)では,こうした逆転による言い間違いは「音位転倒」と呼ばれ,誤りが起こるメカニズムにまで踏み込んだ分析がなされています。言い間違いの「どうして？」を知りたい人はこちらに進んでください。

3.7　この課のまとめ

　この課では，誤変換が基本的に形態素解析ミスの産物だということ，その面白さが，正しい変換と誤変換の間のギャップから生じることを学びました。また，音声上は「わ」と読む場合でも，文字表記上は「は」となることが効いていたり，和語として入力したつもりが，外来語として変換されたりなど，文字や語種に関連する問題も誤変換には潜んでいるということを見ました。さらに，誤変換に関連して言い間違いやその周辺も取り上げました。

　機械にしろ人間にしろ，間違いは必ず起きるものです。もちろん機械も人間も，できるだけ間違いが少ない方が優秀とされるわけですが，正確さばかりを追い求めるのも味気ないでしょう。ここで学んだように，間違いを楽しむぐらいの気持ちや文化があってもいいのではないでしょうか。

《問　　題》

【基礎】「変漢ミスコンテスト」や「言いまつがい」のサイトや書籍より，複数の例を取り出して分類してみましょう。この課で触れていないタイプはないでしょうか。

【発展】　誤変換や「言いまつがい」の原因を踏まえた上で，自分で最高に面白い誤変換や「言いまつがい」を作ってみましょう。

《興味を持った人の参考になりそうな文献，サイト》

荒木健治（2004）『自然言語処理ことはじめ―言葉を覚え会話のできるコンピュータ』
　森北出版
糸井重里（2005）『言いまつがい』新潮社

---

[14]　『リーマ・ツヴァイ』は無意味な音のように思うかもしれませんが，「リーマ」は金属板の穴を拡大したり整えたりする工具の一種で，「ツヴァイ」はドイツ語で二つの意味です。ただ，聞き間違えた人は「リーマ」という工具の存在を知っていたわけではなく，「何かわからないけど，そういう音のものなのだろうな」という程度の推測に基づいていると思われます。ともあれ，これだけ見事に間違えてくれると，テレビ番組『タモリ倶楽部』の「空耳アワー」というコーナーを思い出した人もいるかもしれませんね。

糸井重里（2011a）『金の言いまつがい』新潮社
糸井重里（2011b）『銀の言いまつがい』新潮社
柏野和佳子（2011）「形態素解析」荻野綱男・田野村忠温（編）『講座 IT と日本語研
　　究　第 2 巻　アプリケーションソフトの基礎』明治書院
海保博之・田辺文也（1996）『ヒューマン・エラー　誤りからみる人と社会の深層』
　　新曜社
寺尾　康（2002）『言い間違いはどうして起こる？』岩波書店
日本漢字能力検定協会（2006）『漢検　学べる誤変換』日本漢字能力検定協会
日本漢字能力検定協会（2006）『漢検　学べる誤変換 2』日本漢字能力検定協会
日本漢字能力検定協会（2008）『漢検　学べる誤変換 3』日本漢字能力検定協会
日本漢字能力検定協会（2009）『漢検　学べる誤変換 4』日本漢字能力検定協会

日本漢字能力検定協会「変漢ミスコンテスト」
　　http://www.kanken.or.jp/henkan/happyou.html
ほぼ日刊イトイ新聞「言いまつがい」
　　http://www.1101.com/iimatugai/

第4課 破格から考える日本語

この課のねらい

看板やウェブページ，駅の構内掲示などを見ていると，一見正しそうだけれども，よく考えるとどこかがおかしい文—破格文—に遭遇することがあります。この課では，そんな破格文を出発点に，日本語の構造や，話しことばと書きことばの違いについて考えていきましょう。

キーワード：破格，主語-述語関係，主題-題述関係，うなぎ文，書きことば，話しことば，論理

4.1 破格文

さっそくですが，次の問題を考えてください。

〔問1〕 次の例文 (1)〜(3) は，文法的に正しい文でしょうか，それともおかしい文でしょうか，判定してください。
(1) この列車の停車駅は，新橋，品川，川崎，横浜，戸塚，大船，藤沢，茅ヶ崎，平塚，国府津，小田原，早川，根府川，真鶴，湯河原駅に停まります[1]。
(2) この絵の特徴は，どの角度から見ても女性と目が合います。

　　　　　　　　　　　　　　　　　　　　　　〔矢澤 2010：154-155〕
(3) 京葉線の利用状況は，多様な快速のダイヤの構成からもうかがえるように，通勤通学と行楽・レジャーの双方に大きな流動がある。

　　　　〔『鉄道ジャーナル』1993年1月号，成美堂出版，p.59；
　　　　　　　　　　　　　　　　　　　　野田 1996：79 より引用〕

---

[1] http://www.youtube.com/watch?v=ux_4hcGn-BE 参照（2012年1月25日確認。この動画のアップロード日付は2008年4月9日だったので，現在では指摘を受けて修正され，すでに破格文ではなくなっているかもしれません）。

4.1 破格文

　(1) は，JR 東日本の E233 系という車両の行先表示板に，スクロール表示される停車駅の案内文です．この例は，東海道線の快速アクティー熱海行きのものですが，表示板のシステム上では最初の「この列車の停車駅は，」と最後の「駅に停まります．」の部分が固定で，停車駅は走行路線や現在地に合わせて可変的に列挙される仕組みになっています．しかし，よく見ると，「停車駅は」と「停まります」の呼応（対応関係のことです）に崩れ（ねじれとも言います）が生じています．この文の出だし（学校文法では「主語」や「主部」と呼ばれているものです）が「この列車の停車駅は」とあるので，文末は「…，真鶴，湯河原です」となることが予想されるのですが，「…，湯河原駅に停まります」という動詞述語で結んでいることで，呼応の崩れが起こっています．

　(2) は，レオナルド・ダ・ヴィンチが描いた有名な肖像画「モナリザ」について書かれた文です．これも，(1) と同様に，文の出だし「この絵の特徴は」と述部の「目が合います」の呼応が崩れています．この文は，文部科学省が実施した「平成 21 年度全国学力・学習状況調査」の中学校国語の問題文にあったもので，もともとは，この文を正しく書き直しなさいというものでした．矢澤 (2010) によると，この問題の正答率は 50.8％と非常に低く，当初予想の 80％を大きく下回ったそうです．

　(3) は，(1) に続いてまたも鉄道ネタですが，こちらは鉄道関係の雑誌記事にあった用例です．先ほどの (1) では「停車駅」と「停まります」は（停車の意味が重なっているので）意味的にきちんとつながらず，また (2) も「特徴は」と「▭▭▭▭▭▭」が意味的につながりませんでしたが，それらとは違って，(3) は出だしの「京葉線の利用状況は」と述部の「大きな流動がある」が意味的に結び付かないわけではありません．しかし，途中に「通勤通学と行楽・レジャーの双方に」が挿入されていて，これが「大きな流動がある」に係ってしまい，出だしの「京葉線の利用状況は」が宙ぶらりんになっています．結果として，出だしと述部の呼応が崩れてしまい，言いたいことはわかるけれども不恰好な文になっています．

　これらの例 (1)～(3) のような，文の形が途中で変わり，文の出だしと述語の呼応が崩れている文を破格（アナコルソン，anacoluthon）と呼びます[2]．音

---

[2] anacoluthon という語はギリシャ語由来で，「続いていない」「つながっていない」（英 not following）という意味です．

楽に例えると，小節の途中でいきなり違う拍子やテンポに変えたり，普通ならつながらないコード進行を行うといった感じでしょうか。

4.2　破格の分析

では，破格はどうして起こるのでしょうか？　その前に，次の問いに答えてください。

〔問2〕　問1の例文 (1)〜(3) を，出だしと述部がちゃんと呼応するように直すにはどうすればよいですか？　直す候補が複数ある場合は，それらをすべて挙げてください。

先ほどの (1)〜(3) は，それぞれ構成が異なる破格文です。野田 (1996) は，日本語によく観察される破格文を，過剰型，不足型，漠然型の三つに分類しています。

4.2.1　過剰型

例文 (1) から順番に見ていきましょう。次の文 (4)a は (1) の原文の途中を省略したもので，文 (4)b, c はそれを書き直したものです。
(4) a. この列車の停車駅は，新橋，品川，…，湯河原駅に停まります。(= (1))
　　b. この列車の停車駅は，新橋，品川，…，湯河原です。
　　c. この列車は，新橋，品川，…，湯河原駅に停まります。

(1) の途中を省略して文を短くしているのでよくわかると思いますが，(4)a は，下線を付けた「この列車の停車駅は」と，波線を付けた「に停まります」が呼応しておらず（「停車駅」が停まるわけはないですよね），呼応の崩れを起こしています。

この崩れを直すには，下線部をそのまま残して波線部を変える方法と，逆に波線部を残して下線部を変える方法があります。それが (4)b と (4)c です。(4)b は (4)a の ▢ 部を残してそれに合うよう ▢ 部を書き換えたもの，(4)c は (4)a の ▢ 部を残してそれに合うよう ▢ 部を書き換えたものです。こうすると，(4)a は (4)b から途中で (4)c に変わってしまったものだという

ことがわかるでしょう。

　文 (4)a「停車駅は…に停まります」について指摘した呼応の崩れは，細かく見ると，「停車駅」「停まる」といった同じ意味の語句が重複して用いられていることによるものです。「頭痛が痛い」「馬から落ちて落馬する」といった文の不自然さもこれと共通しています。野田（1996）は，このタイプの破格文を「過剰型」と分類しています。過剰型の破格は，二種類の異なる文が混交し，かつ，出だし側と述語側に似たような意味の語彙が重複しているという特徴を持つと言えます。

〔問3〕　次の例 (5)(6) は過剰型の破格文ですが，どのような二種類の文が混交したものでしょうか？　先ほどの (4)b, c にならって，もとになった二種類の整った文を考えてください。
(5)　五百円硬貨の両替は，左側5番の機械で両替してください。
〔野田 1996：77〕
(6)　三冠王への第一条件は，まずホームランを打てる打者でないと不可能
〔野田 1996：77〕

4.2.2　不　足　型

次に (2) のモナリザ文です。こちらも，(7) のような修正案が考えられます。
(7)a.　この絵の特徴は，どの角度から見ても女性と目が合います。(＝(2))
　　b.　この絵の特徴は，どの角度から見ても女性と目が合うことです。

　修正のポイントとなるのは「特徴」という語です。文 (2)（(7)a として再掲）は，出だしが「この絵の特徴は」とあるので，その「特徴」がどのようなものなのかという説明が後に続きます。したがって，このタイプの構文は，名詞述語で呼応しなければなりません。つまり (7)b のように，述語に形式名詞の「こと」や「ところ」を付けて名詞述語にして呼応をとります。しかし，その形式名詞を端折ってしまうと呼応が崩れ，(7)a のような破格文になってしまいます。

　文 (7)a のように，形式名詞などを端折ることで，出だしと述語が呼応しなくなる文のタイプを，野田（1996）は不足型と分類しています。次の文 (8) は話しことばの例ですが，「…いいところは」と「自由なんです」の呼応が崩

れている破格です。
　(8)　でも、いまのうちの会社のいいところは、雰囲気が自由なんですね。
　　　　　　　　　［足立倫行『人、旅に暮らす』1987年、新潮社、p.105；
　　　　　　　　　　　　　　　　　　　　　　　　野田 1996：78 より引用］
　文 (8) を「正しい」文に直すには、形式名詞の「ところ」「こと」を使って「雰囲気が自由なところですね」などとすればよいでしょう。しかし、前半ですでに形式名詞「ところ」を使っているのに、述部に「ところ」や「こと」を補うのは形式名詞の反復にもなります。これを冗長で不恰好だと感じ、むしろ (8) のような破格の文を好む人もいるようです。実際、不足型の破格は、話しことばでは珍しくなく、むしろ「正しい」文よりも一般的かも知れません。

4.2.3　漠　然　型
　先ほどの例 (3) は、出だし「京葉線の利用状況は」が述部への係りを失って宙ぶらりんになっているというものでした。このようなものは漠然型の破格に分類されます。
　(9)　京葉線の利用状況は、多様な快速のダイヤの構成からもうかがえるように、通勤通学と行楽・レジャーの双方に大きな流動がある。(= (3))
　(10)　焼き豆腐と豆腐の使い分けは、豆腐は煮汁が少ないと煮くずれしやすいので、ちり鍋や寄せ鍋など煮汁のたっぷりしたものに用い、焼き豆腐は煮汁の少ないすき焼き、土手鍋などに用いる。
　　　　　　　［『別冊主婦と生活　鍋もの百科事典』1986 年、主婦と生活社、p.65；
　　　　　　　　　　　　　　　　　　　　　　　　野田 1996：80 より引用］
　雑誌記事の例 (10) の「焼き豆腐と豆腐の使い分けは」、文末の「用いる」とは呼応していません。しかし全体としては、「焼き豆腐と豆腐の使い分け (は)」がこの文の見出しに相当しており、それ以降は内容と見ることができます。次のように書き分けると、その構成がはっきりし、呼応の崩れもなくなります。
　(11)　焼き豆腐と豆腐の使い分け：
　　　　豆腐は煮汁が少ないと煮くずれしやすいので、ちり鍋や寄せ鍋など煮汁のたっぷりしたものに用い、焼き豆腐は煮汁の少ないすき焼き、土手鍋などに用いる。

このことは，過剰型の (1)「停車駅は…に停まります」にも言えることです。(11) にならって書き換えると，ちょうど駅の行先表示盤に見られる停車駅案内のようになります。

(12)　<u>停車駅</u>：新橋，品川，川崎，横浜，…，湯河原に停まります。

　こう考えると，本来，文には含めなくてよい見出し相当のもの（「焼き豆腐と豆腐の使い分け」「停車駅」など）を，無理に文に組み込もうとすることが，漠然型・過剰型の破格文を生む原因の一つになっていることがわかります。

4.3　破格と主題

　これまで見てきた破格文は，いずれも出だしが助詞「は」のついた句になっていました。「は」という助詞は，「少なくとも100人<u>は</u>集まるだろう」の場合のように最低限度を表す場合もありますが，典型的には「象は鼻が長い」の「は」のように，文における主題（題目とも言います）を示す標識として使われます。主題とは，その文において言及される対象のことで，今の例なら「象」が主題に当たります。ここでは，破格について観察をさらに進める前に，まず主題について確認しておきましょう。

　「名詞＋だ」で終わる名詞述語文や，形容詞[3]で終わる形容詞述語文は，何らかの事物について，その属性や性質・特徴，状態を表す際によく用いられます。そして，そこに主題標識の「は」が出てくることは珍しくありません。例として文 (13)〜(15) を挙げておきます。

(13)　<u>テリー</u>はミレーユの弟です。

(14)　<u>あのトナカイの鼻</u>は赤い。

(15)　<u>私</u>はなんだかうれしかった。

　(13) の名詞述語「ミレーユの弟です」は，この文の主題である ☐☐☐☐ という人物の属性を表しています。同様に，(14) の形容詞述語「赤い」は，この文の主題である，特定のトナカイの鼻の性質・特徴を表しています。さらに，(15) の形容詞述語「なんだかうれしかった」は，この文の主題である話し手（私）の状態を表しています。

---

[3]　「まじめだ」などの形容動詞も，活用は異なりますが実態は形容詞と同じなので，ここで言う「形容詞」に含めておきます。

また，主題はいわゆる主語とは異なります。ここで両者の違いを見ておきましょう。

〔問4〕　次の文 (16)a～c の意味の違いを説明してください。
(16) a. 母さんがチャーハンを見付けた。
　　 b. 母さんはチャーハンを見付けた。
　　 c. チャーハンは母さんが見付けた。

　文 (16)a～c は，いずれも事実関係として同じ出来事（母親によるチャーハンの発見）を述べたものですが，主題はそれぞれ異なっています。(16)a は，事実として「母さん」がチャーハンを見付けたことを述べているだけで，主題が設定されていない無題文です[4]。しかし，(16)b は，「母さん」に注目して彼女が何をしたかを述べるものであり，主題として「母さん」が設定されています。(16)c では，「□□□□」が主題として設定されており，その発見者が「母さん」だと述べられています。これに対して主語は，(16)a～c いずれの場合も「母さん」です。(16)a～c のような動詞述語文では，主語は，その動作を行う主体（動作主）を表すことが多いのです。

　このように，日本語の文では，「何がどうする」といった主語－述語，あるいは主部－述部の関係（主述関係）だけでなく，「Aに関して言えばB」という，主題（Aの部分）とその解説（Bの部分。「題述」「説明」「評言」「コメント」とも呼ばれます）から構成される主題－題述関係も基礎になっています。

　さて，ここで，主述関係と主題－題述関係の二つの観点を取り入れて，あらためて破格文を見てみましょう。例えば，漠然型の (17) の「京葉線の利用状況は」が，述部「（流動が）ある」と呼応していない孤立した句であることは，4.2.3 項で説明した通りです。しかし，主題－題述関係に注目すると，これがちょうど文における言及対象を明示する主題になっています。

(17) 京葉線の利用状況は，多様な快速のダイヤの構成からもうかがえるように，通勤通学と行楽・レジャーの双方に大きな流動がある。
　　 (= (3), (9))

---

[4] 出来事について述べる場合は無題文が使われる傾向があります。

つまり (17) は，主題−題述関係における主題「京葉線の利用状況」が，主述関係における述部「(流動が) ある」に対して，(意味はさておき) 形式的に対応していない (係っていない) ので，破格文になるということがわかります。逆に言えば，主題が述語に呼応する形式をとっていれば，破格文にはならないということになります。

4.4　うなぎ文

ところで日本語には，主題−題述の関係を最大に利用した文が存在します。

〔問5〕　(18)〜(20) の文が言おうとしている内容についていろいろ挙げてください。

(18)　新聞は小銭をご用意下さい。　　　　　　　　　［野田 1996：76］
(19)　ぼくはうなぎだ。　　　［金田一 1955：188；奥津 1978：21］
(20)　課長は広島です。

(18) は，ある駅の売店の貼り紙にあったものだそうですが，主題の「新聞は」が述語の「ご用意ください」とは形式的に対応していない破格文になっています[5]。この掲示が言いたかった内容は，おそらく次のようなものでしょう。

(21)　新聞をお求めの場合は，特に朝のラッシュ時では，□□□を用意するのに時間がかかるので，あらかじめ小銭を用意しておいてください。

「新聞」の一語で「新聞をお求めの場合」と解釈できるということになります。その意味では，必要な語彙が欠けている不足型なのですが，むしろ，新聞を取り扱う売店に貼られているという現場の状況 (文脈，コンテキスト) から，簡潔な「新聞は」だけで十分に客に伝わります。「新聞をお求めの場合は」と馬鹿丁寧に書くと，かえって慇懃無礼な印象を客に与えるおそれもあります。そういう事情から破格文が生まれたのかもしれません。

(19), (20) は「A は B (だ)」形式の文です。主語と述語は形式的に対応し

---

[5]　1992 年に著者の野田氏が，東京モノレール羽田空港駅 (当時) で確認したものですので，現在ではすでになくなっていると思われます。

ているので，これまで見た破格文には当たりません。しかし，文として見た場合，どこか奇妙な印象があります。その奇妙さはどこから来るのでしょうか。

　これらの文は，日本語学では「うなぎ文」と呼ばれるもので，(19)は実際そのもとになった例文です。「AはB（だ）」形式の文は，AがBの属性（包摂関係）を持つこと（措定，例:「太郎は学生である」）と，AとBが一致すること（指定，例:「幹事は村上君です」）を示すのが典型的です。しかし，(19)，(20)は，この包摂・一致関係を認めるにはB（解説）のことばが不足していて，関連付けが曖昧になっています。これが奇妙さの原因です。

　(19)は，動物たちがしゃべる童話などで，ウナギが自分の身分を述べたものといった解釈ももちろん可能ですが，例えば食堂で，友人に「僕は天ぷら頼んだんだけど，君は？」と尋ねられたときなら，鰻の蒲焼を注文したという意味になります。その他，「鰻の蒲焼と穴子の蒲焼，どっちが好き？」などと聞かれて答える場合も考えられるでしょう。

　(20)の「広島」が意味するところには，今日の出張先なのか，それとも出身地なのか，好きな野球チームなのか，あるいは課長の苗字なのか，はたまた，異動前の勤務地なのか，配偶者の出身地なのか，子どもの通う大学なのか，さまざまな可能性があります。

　つまり，題述側に十分な情報が言語で説明されずに，端折った表現になっているのがうなぎ文です。この文からは，主題に対して題述を関連付けることはわかっても，その関係の具体的な内容についてははっきりしません。食堂での注文，出身地の話題，好きなチームの話題などの文脈に支えられて初めて，うなぎ文で言いたい内容がわかります[6]。主題と文脈が関わっているという意味でも，(18)の破格文とうなぎ文は共通しています。

4.5　話しことばと書きことば

　ここで，破格に話題を戻しましょう。破格が問題になりやすいのは，それを文字で表したり，あらたまったスピーチで話したりするとき（これを書きこと

---

[6]　『枕草子』の有名な箇所「春はあけぼの」も，「春」と「あけぼの（夜明け）」の二者を関連付けだけですが，それが季節ごとの美しい時間帯について述べたものであるとわかるのは，その後に続く説明による文脈があるからです。

ばとします[7]）です。しかし，普段のおしゃべりや友人へのメールなど（これを話しことばとします）では，むしろ破格は変ではありません。これまで見てきた破格文を，話しことば風にアレンジすると，それほど不自然ではないことがわかります。

(22) 快速急行の停車駅はね，えーと，日本橋，上本町，鶴橋，生駒，学園前，西大寺，新大宮に停まるみたい。

(23) この絵の特徴はね，どの角度から見ても目が合うんですよ。

(24) 新聞は小銭用意しないといけないよ。

破格は，文の主題と述語の形式的な対応（呼応）の乱れによることは 4.3 節で確認しましたが，この呼応が求められるものとしてもう一つ，「全然」や「たぶん」などの陳述副詞があります。例えば「全然」が来ると文末は否定の「～ない」，「たぶん」なら文末は「だろう」といった対応関係があるとされるのですが，この陳述副詞の呼応も，◯◯◯ことばでは多く無視されます。

(25) 全然大丈夫だよ。

(26) たぶん明日は雨かな。

話しことばの特徴の一つに，非計画性というものがあります（Ochs 1979）。その場の状況に応じて話しながら文を作っていくということですが，例えば (22) のように，途中で思い出したりメモを調べたり，あるいは適切な表現を探したりするときに「えーと」や「あのー」といったことば（フィラーと呼ばれます）で間をつなぐことも非計画性の現れです。ですから，破格のように途中で文の形が変わったり，呼応が崩れてしまったりすることは，非計画性を考慮すると決して不自然なことではありません。

また，日本語の話しことばに顕著に見られるものとして，助詞の省略（無助詞）の多用があります[8]。

---

[7] 「話しことば」と「書きことば」という用語は，媒体（音声 v.s. 文字）の違いだけではなく，実際にはカジュアル・フォーマルといったスタイル（話体）の違いを指すことがあります。また，スタイルには，相手や状況，文章の種類（例：エッセイ，論文，メール，手紙）などによっていろいろな段階があります（定延 2005a, b 参照）。ここでは，「より話しことばらしいカジュアルな」「より書きことばらしいフォーマルな」という程度の問題として，どちら寄りのスタイルであるかをそれぞれ「話しことば」「書きことば」という語で区別します。

[8] 第 3 課で見た誤変換の原因になりやすいものに，助詞の省略が挙げられます。

(27) 母さん昨日のチャーハン冷蔵庫入れてたよ。

　話しことばでは，一部の助詞がなくても十分に自然な文になります。話しことばは，話者のいる現場が中心であり，相手と場や文脈を共有することによって成立するところが大きく，また，話者の態度や感情，意図といった主観が入り込みます。文(27)は助詞が全くありませんが，人物（母さん）・物体（チャーハン）・容器（□□□）という事物の特徴から，現場の知識や常識という話者の主観に基づいて，主語・直接目的語・場所を正しく設定したつもりで発せられます。また，「AはBだ」型のうなぎ文におけるA・Bの関連付けの内容も，現場の知識や文脈を相手と共有しているので，状況によっては言語的に十分な説明がなくてもすぐに理解できることもあります（意味がわからず，失敗することもよくありますが）。

　しかし，書きことばは，特に小説や新聞記事・論文のように，場を共有しない不特定多数の受け手に向けたものになることがほとんどですから，書き手が意図する内容を言語だけで正確に伝えるようにしなければなりません。そのため，何が主題であるか，主語や直接目的語は何かなどを言語的に明示する必要があります[9]。うなぎ文のような文脈に強く依存した表現も避ける必要があります。

　破格文が問題になるのは呼応の崩れですが，書きことばで避けられる理由は少し異なります。陳述副詞の呼応があるのは，書き手・読み手の双方にとって，文の続きを予想するのに役立つという側面があります。同じように，文の形も続きの予測の手がかりに使われると考えられます（石黒2005など）。破格文は，主題と述語が形式的に対応していないので，主題から予想される文の形をいわば裏切っていることになります。その意味で，破格文は陳述副詞の呼応の崩れと同じであり，書きことばでは極力避けるべきです。

4.6　この課のまとめ

　ここでは，一見正しそうだけれども，ちょっと違和感のある破格文を切り口にして，日本語の主語–述語関係（主述関係）と主題–題述関係，さらに話しこ

---

[9]　そのため「冷蔵庫がチャーハンに□□□を入れる」という現実世界では考えにくい現象についての文を作ることができます。

とばと書きことばの違いについて考えました。破格が文の主題と述語（述部）の形式的な呼応の乱れによること，日本語には主題–題述の関係を最大に利用したうなぎ文も存在するということ，さらに破格文やうなぎ文が話しことば的な現象であるということを学びました。

このような破格文やうなぎ文を見ると，みなさんは，日本語は特殊であり非論理的だという説を真に受けたくなってしまうかもしれません。しかし，日本語は，柴谷 (1981)，角田 (1991, 2009) などで示されている通り，音韻・語順について世界の言語の中でも多数派に属する言語であり，決して特殊な言語であるとは言えません[10]。また，言語の論理性についても，日本語は，包摂・一致という命題論理に基づく主題–題述構造を基盤としていますから，少なくとも非論理的であるというのは正しい意見ではありません（三上 1963；月本 2009 参照）。

しかし，論理とは別に，言語では文の意味が一意に決まらず，複数の解釈ができる曖昧な文がしばしば現れます。日本語の「黒い目がきれいな女の子を見た」，英語の "Two fairies have talked with every Athenian."[11] がこれに当たります。真に問題にすべきなのは，言語の論理性がどうこうなのではなく，一意に解釈できない曖昧な文を書くことです。これは，破格文や副詞の呼応崩れ，うなぎ文，助詞の省略などを避けることとそう変わりのないことです。

《問　　題》

【基礎】　雑誌の記事や説明書，エッセイ，あるいはチラシ広告や Web ページなどから破格文やうなぎ文を探してみましょう。また，破格文の場合はそれが過剰型・不足型・漠然型のどれに当てはまるのか分類してみましょう。

【発展】　破格文やうなぎ文，助詞の省略のように，話しことばに顕著に見られ

---

[10] しかし，表記体系について見ると，日本語はひらがな・カタカナ・漢字・ラテン文字（学術的な場合はさらにギリシャ文字）を使い分けるので，これに関しては，世界でも特殊な言語であると言わざるをえません。しかし，その一方で例えば「わさび」「ワサビ」「山葵」「WASABI」といった文字種の使い分けも，食品，植物，映画のタイトルなど一定のルールに則って行われるので，利便性もあります。

[11] Fromkin (2000 : 407) より。「ある二匹の妖精がアテナイ人全員と話した」「アテナイ人はみなそれぞれ，（同じか異なるかは別として）二匹の妖精と話したことがある」の二つの解釈があります。

る現象や表現・表記をいくつか挙げ，なぜ，これらが書きことばでは避けられるのかについて考察してください。

《興味を持った人の参考になりそうな文献》

石黒　圭（2005）『よくわかる文章表現の技術Ⅲ—文法編—』明治書院

奥津敬一郎（1978）『「ボクハ　ウナギダ」の文法』くろしお出版

奥津敬一郎（2001）「接続のうなぎ文—やっぱり述語代用説—」『日本語教育』111, 2-15

金田一春彦（1955）「日本語」市河三喜・服部四郎（編）『世界言語概説（下）』149-305, 研究社

定延利之（2005a）「話しことばと書きことば（音声編）」上野智子・定延利之・佐藤和之・野田春美（編）『日本語のバラエティ』, 102-107, おうふう

定延利之（2005b）「話しことばと書きことば（文字編）」上野智子・定延利之・佐藤和之・野田春美（編）『日本語のバラエティ』, 108-113, おうふう

柴谷方良（1981）「日本語は特異な言語か？—類型論から見た日本語」『言語』10(12), 46-53

月本　洋（2009）『日本語は論理的である』講談社

角田太作（1991, 2009）『世界の言語と日本語（初版, 改訂版）—言語類型論から見た日本語』くろしお出版

野田尚史（1996）『「は」と「が」』くろしお出版

野田尚史（2001）「うなぎ文という幻想—省略と「だ」の新しい研究を目指して」『國文學—解釈と教材の研究』46(2), 51-57

野田尚史（2007）「時間の経過から生まれる破格文」串田秀也・定延利之・伝　康晴（編）『時間の中の文と発話』1-33, ひつじ書房

三上　章（1963）『日本語の論理—ハとガ』くろしお出版

矢澤真人（2010）「国語教育の文法と日本語教育の文法」砂川有里子・加納千恵子・一二三朋子・小野正樹（編）『日本語教育研究への招待』, 141-157, くろしお出版

Fromkin, Victoria A. (ed.) (2000) *Linguistics : An Introduction to Linguistic Theory*, Blackwell

Ochs, Elinor (1979) "Planned and unplanned discourse", In Talmy Givon (ed.), *Syntax and semantics, vol. 12 : Discourse and syntax*, 51-80, Academic Press

第5課 「チョー恥ずかしかったヨ！」なカタカナの不思議

この課のねらい
　この課では，現代日本語の表記体系におけるカタカナの役割について学びましょう。
　キーワード：表記，カタカナ，表音性

5.1　カタカナ表記の謎

　まず，次の問題を考えてみてください。

〔問1〕　次の例文（1）〜（3）でカタカナ表記されている部分を見て，みなさんはそれぞれどのように感じるでしょうか？
(1)　彼女は a ピンクの b スーツが c トレードマークだ。
(2)　a オタマジャクシを上手に飼う b コツをめぐって c ケンカになった。
(3)　気になる a カレに b ドキドキしながら連絡先聞いたんだ c ケド……。d チョー恥ずかしかった e ヨ！
　とりあえず，次のア，イ，ウの三段階で判定してみてください。
　ア．これは自分もカタカナで書く。
　イ．自分は書かないが，カタカナで書いてあっても違和感がない。
　ウ．これをカタカナで書くのは明らかにおかしい。

　もし仮に，(1) のカタカナ表記に対する感じ方と (3) のカタカナ表記に対する感じ方に差があったとしたら，それはなぜでしょうか？
　そもそも，現代の日本語の使い手である私たちは，どのような場合にカタカナを使って書いているのでしょうか？
　この課では，普段は意識せずに使っている，このようなカタカナ表記の謎について考えていきます。

5.2　現代日本語の文字の役割分担

まず,私たちが日本語で文を書くとき,どのような文字を使うのかを考えてみましょう。

日本語の表記では多様な文字が使われていて,場合によってはアルファベットや数字(アラビア数字,ローマ数字),記号類も使いますが,主に「ひらがな」「カタカナ」「漢字」を使うと言ってよいでしょう。

次に,ひらがな・カタカナ・漢字という三種類の文字が,それぞれどのような語を書き表すのに使われているのかを確認しましょう。

そのヒントとして,小学校の国語の時間を思い出してください(無理?)。小学校の国語の時間にカタカナで書くように指導される語の種類の一つに,「外来語」があります。

この外来語というグループは,次のように,日本語の単語をその出自(出身言語)によって分けたときに設定される分類の一つです。このような分類は専門的には「語種」と呼ばれます[1]。

　　和語：もともと日本語固有の語(訓読みする語)
　　漢語：中国語から日本語に入ってきた語(音読みする語)
　　外来語：中国語以外の(主に西洋の)言語から日本語に入ってきた語

さて,次にこれらの語種と文字の対応関係を考えます。

〔問2〕　和語・漢語・外来語という語種は,ひらがな・カタカナ・漢字という文字とそれぞれどのように対応するでしょうか。ノートに書いて,線で結んでみましょう。

このような問題を出すと,多くの人は,次のように線を結ぶのではないかと

---

[1] 本当は語種の判定で考えなければならないことはもう少し複雑なのですが,ここではこの理解で十分です。興味のある人は,例えば,「和製漢語」「和製外来語(和製英語)」といったキーワードで調べてみてください。

思います。

　　　和語 ──────── ひらがな
　　　漢語 ──────── ☐
　　　外来語 ──────── ☐

　ここから，私たちの意識の中では，「カタカナは ☐ を表記するのに使われる文字である」ということになっていると言えそうです。外来語が別名「カタカナ語」と呼ばれるのも，このためでしょう。

　しかし，少し考えてみるとわかりますが，語種と文字は，上のようなきれいな一対一の対応になっているわけではありません。例えば，「私」「昼」「食べる」のように和語を漢字で書くのは普通のことですし，次の (4) のように，外来語でもひらがなや ☐ で書くものがあります。

(4) a. てんぷら（天麩羅），かるた，たばこ，ししゃも
　　b. 倶楽部（クラブ），硝子（ガラス），頁（ページ）

　さて，ここで問題にしたいのは，これとは逆のパターン，すなわち，和語や漢語を書くのにカタカナを使う場合です。実は最初の (3) の例もそうなのですが，ひらがなや漢字で書くことも明らかにできるのに，わざとカタカナで書いていると考えることができる例が，いろいろなところで見付かるからです。

　そのような場合に，カタカナ表記が果たしている役割とは，どのようなものなのでしょうか？

5.3　カタカナを使う基準

　語種との対応関係で見ればカタカナ表記はけっこう柔軟にできそうな感じがしますが，一方で，何でもかんでもカタカナで書いてよいというわけでもありません。例えば，普通なら「ナンデモカンデモカタカナデカイテヨイ」とは書きませんよね。

　ここで見てみたいのが，「用字用語集」と呼ばれるものです。新聞社や出版社では，新聞や本などでどのような語をカタカナで書くか，おおよその基準を決めています。このような基準を見てみれば，外来語以外の語についても標準的なカタカナ表記の仕方が見えてくるかもしれません。

　一例として，時事通信社の『最新用字用語ブック』を見てみます。次に示す

のは，この本の「片仮名」の項です（例は一部省略しています。以下同じ）。

1．外国（中国，朝鮮などを除く）の地名，人名は片仮名で書く。
2．外来語は原則として片仮名で書く。
3．擬音語，擬声語は片仮名で書くのを原則とする。語や文脈によっては平仮名書きでもよい。　例）ガタガタ，ゴーン
4．擬態語は平仮名書きにするが，特別のニュアンスを出す場合には片仮名書きにしてもよい。　例）ノロノロ，ペロリ
5．感動を表す語は，一般に平仮名で書くが，特に強調したい場合は片仮名書きにしてもよい。　例）アラ，ギョッ
6．俗語や隠語は原則として片仮名で書く。ただし，特に必要のある場合以外は使わない。　例）インチキ，ダフ屋
7．このほか，特別の意味やニュアンスを出したい場合，平仮名が続いて読みにくい場合は片仮名書きにしてもよい。　例）イヤミな言い方だネ，事件のカギを握る人物　　　　［時事通信社2010：488-489］

このうちの1と2が外来語関係，3と4が擬音語・擬態語（実は擬音語も小学校でカタカナ表記するよう習います）です。さらに，5の感動詞，6の俗語・隠語ときて，7は特定の語の種類というよりも「こういう場合はカタカナを使える」という条件のように見えます。
　また，これと似ているのですが，NHKの『NHK漢字表記辞典』の「カタカナで書く語」には，次のような項目があります。

3．カタカナ書きの慣用があるもの
　（1）動植物名（学術的名称・外来種・強調する場合）　例）イヌ
　（2）専門用語　例）シテ，ヒ素
　（3）擬音語　例）ドカーン，ワンワン
　（4）俗語など　例）インチキ，ノミ行為
　　　　　　　　　　　　　　　　［NHK放送文化研究所2011：30］

　以上のことから，報道の媒体では，外来語以外に「擬音語」「俗語」「動植物

5.3 カタカナを使う基準

名」「専門用語」なども原則としてカタカナで書く，という決まりがあることがわかります。

また，さらに各新聞社の用字用語集を確認すると，一定範囲の漢字では書けない「ツバキ（椿）」「ノコギリ（鋸）」のような語（漢字表記すると読者にとって読みにくくなる語）についても，カタカナで書くという基準を作っている場合があることがわかります。

もちろん，これらの用字用語集が示しているのは，ある程度公共性を持った媒体の原則であって，「私たちが文章を書くときも必ずそうしなければならない」というものではありません。だいたいこんな場合にカタカナを使うという合意がある，というふうに理解しておいてください。

ここで，せっかくですので，最初の (1)〜(3) の例に戻って，それぞれのカタカナ表記が上で見た基準にうまく当てはまるかどうかを見てみましょう。

(1) 彼女は _aピンクの _bスーツが _cトレードマークだ。
(2) _aオタマジャクシを上手に飼う _bコツをめぐって _cケンカになった。
(3) 気になる _aカレに _bドキドキしながら連絡先聞いたんだ _cケド……。_dチョー恥ずかしかった _eヨ！

まず，(1) の「ピンク」「スーツ」「トレードマーク」は，いずれも外来語です。これ以外にも，(2)a の「オタマジャクシ」は先の基準の動植物名，(3)b の「ドキドキ」は擬態語に当てはまりそうです。

また，(2)c の「ケンカ（喧嘩）」は，一般的な漢字使用の目安である「常用漢字」に含まれていませんので，□□で書くと難しく読みにくくなってしまうケースに該当すると考えられます。

残りの (2)b の「コツ（骨）」と (3)d の「チョー（超）」は漢語，(3)a の「カレ（彼）」と助詞の (3)c「ケド」，(3)e「ヨ」は和語です。これらがカタカナ表記される理由を，先ほどの基準から考えるとすれば，「特別の意味やニュアンスを出したい場合」しかないように思えるのですが，「特別の意味やニュアンス」ってどんなものでしょうか？

そこで，次に，もう少し詳しくこれらの基準の中身について考えてみたいと思います。

5.4 カタカナ表記の分類

ここまで見てきたカタカナ表記の基準を整理してみると、カタカナを使うことが推奨される、あるいはカタカナ書きが可能である場合というのは、だいたい次の3パターンに分類できそうです。

(A) 特定の種類の語はカタカナで書く。
　　・外来語、擬音語、俗語、専門用語など
(B) ひらがな・漢字で書くと困る場合はカタカナで書く。
　　・ひらがなの連続に埋没してしまう場合
　　・漢字で書くと難しい場合
(C) ひらがな・漢字では表せない内容を表すためにカタカナで書く。
　　・特別なニュアンスを持たせたい場合

このうち、(A)は「こういうものはカタカナで書こうね」という決まりとして受け取ることができます。これに対して、(B)と(C)は、カタカナ表記しなくてもいい語をあえてカタカナで書くという意識がより強いように思われます。

例えば、(B)は、読み手の読みやすさを向上させるためにひらがなや漢字を避けてカタカナが使われていますし、(C)は、ひらがなや漢字では出せない味がカタカナでは出せるから使う、という積極性が見てとれます。これらは、「わざと」するタイプのカタカナ表記と言ってもよいかもしれません。

ちなみに、(C)のカタカナ表記による「特別なニュアンス」というのは、なかなか言葉で説明するのが難しいものです。次の例で考えてみましょう。

〔問3〕　次の例の「ウワサ」から、「噂」や「うわさ」とはどこか違うニュアンスを感じることができるでしょうか。また、「ウワサ」の内容はどんなものだと想像できるでしょうか。

(5) 大学病院には、こうしたウワサの濁流が滔々と流れている。漢字の「噂」とは違うし、平仮名の「うわさ」でもない。カタカナで「ウワサ」と表記するとしっくりくる。

　　［海堂　尊『チーム・バチスタの栄光（上）』2007年、宝島社、p.234］

5.4 カタカナ表記の分類

　ひょっとすると，このタイプのカタカナ表記には，感覚的に「なんとなく質感の違いがある」ことはわかるけれど具体的には説明できない，という微妙なレベルのものもあるかもしれません。しかし，「ここでは一般的な意味とは違う意味で使っていますよ」という「特別さ」をカタカナ表記によって表すケースは，いくつかの典型例を示すことができそうです。具体的な例を (6) と (7) に挙げます。

　(6)　料理のコツ，クビになる，ツボにはまる
　(7)　サヨナラ勝ち，ボケとツッコミ，ウケる

　まず，(6) は，カタカナの部分を漢字表記するとそれぞれ「□」「□」「□」になりますが，これらの漢字表記の場合の一般的な意味と，カタカナで書いた場合の意味（それぞれ「ひけつ」「解雇」「笑いのポイント」）がずれています。

　また，(7) も，「さよなら」「ぼけ・つっこみ」「うける」とひらがな（あるいは漢字）で書いた場合にはうまく表現できない意味（それぞれ「最終回に試合を決める一打」「漫才の役割分担」「笑える」）が，カタカナ表記によって表されているはずです。

　この (6) と (7) は，カタカナ表記によって表される意味が，辞書の語義説明では一番目に来なさそうな，比較的限定された意味であるという点で共通しています。カタカナ表記の「特別」な感じは，このような意味を限定して区別するということとも関係しているのかもしれません。

　また，文脈によっては，語の意味は変わらなくても，独特のニュアンスを出すためにカタカナ表記を活用することもできそうです。

　(8)　で，ボクは何が言いたいの？
　(9)　そこらへんにテキトーに座って。

　(8) のような（年上の女性が）男性を馬鹿にするような感じや，(9) のような軽い感じ（「適当」以上のテキトー感）は，カタカナでしか出せない，まさに「特別なニュアンス」と言えるでしょう。

　なお，先の (A)～(C) の分類の共通点を見付けるとすれば，いずれもカタカナ表記によって「他と区別される」ということがあります。つまり，カタカナ表記される理由としては，「特別さ」をポイントとして考えればよさそうです。

　例えば，(A) のカタカナは特定のタイプの語であることを明示する働きを持っていますし，(B) は表記の上でその語を目立たせる働きをしています。また，

(C) はここで見たように，意味やニュアンスの上でカタカナがその語の特殊性を示している，と考えることができるからです。

このように，カタカナは，漢字かな交じり文で使われるひらがなや漢字に比べて現代日本語の文字の主流派とは言いにくいかもしれませんが，私たちの日本語の表記の中で，欠かすことのできない重要な役割を果たしていることがわかります。

5.5 「音」を再生するカタカナ

ここまでの話でカタカナ表記の役割を確認したところで，「特別さ」の中でも，カタカナが得意にしている分野があることを見ていきましょう。

〔問4〕 次の例文を声に出して読んでみてください。aとbで読み方に違いが付けられるようであれば，できるだけ違いがわかるように読んでみましょう。

(10) a. 超恥ずかしかったよ！
　　 b. チョー恥ずかしかったヨ！
(11) a. 何これ，気持ち悪い。
　　 b. 何コレ，キモチワルイ。

例文のうちbを読むとき，カタカナのところで何か特別なことをしたでしょうか？ 例えば，「チョー」や「ヨ」のところで余分な力が入ったり，「キモチワルイ」のところで妙に嫌悪感が出たりしませんでしたか？

もしそうだとすれば，カタカナ表記を見た私たちは，文字にしたら普通は消えてしまうような音声的な情報（「話しているときのような臨場感」とも言えるでしょうか）を頭の中で再生することができる，ということになります。

カタカナは書きことばに使われる文字ですから，そこから音声（話しことば）がイメージされるというのも面白い話です。できるだけ多くの，できるだけリアルな情報を伝えたいという書き手の欲求をカタカナは実現してくれる，と言ってもよいかもしれません[2]。

もう一つ例を見てみましょう。

5.5 「音」を再生するカタカナ

〔問5〕 次の例文を声に出して読んでみましょう。先ほどと同様，a と b で読み方に違いが出せるようであれば，できるだけ出してみてください。

(12) a. ちょっといいですか？
 b. チョットイイデスカ？
(13) a. この星は我々がいただいた。
 b. コノホシハワレワレガイタダイタ。

例文 b は，誰になったつもりで読んだでしょうか。おそらく (12) b は外国人のカタコトの日本語，(13) b は ☐ のちょっと機械的な日本語，というイメージが，カタカナ表記から得られたのではないかと思います。これらの例では，カタカナ表記によって，「普通の」読み方でない，たどたどしさを持った「特別な」読み方が，文字から再生できることになります[3]。

このように，カタカナ表記が音声をイメージさせるというケースは，特別な効果を狙った例ばかりではありません。次の例を見てください。

(14)「そうか。あいつ，どういう奴なんだ？」
「名字はキリハラ」
そう言って，グラスの水で指を濡らし，テーブルに「桐」と書いた。
「これに，原っぱの原，普通の原だ」
桐原ね。　　　　［東　直己『半端者』2011 年，早川書房，p.319］

この小説では，登場人物の名前がまずカタカナ（「キリハラ」）で書かれ，主人公が漢字表記を理解した時点で初めて漢字（「桐原」）に移行しています。かなり凝ったことをしているようですが，「表記がわからない場合にとりあえずカタカナを使う」という行動自体は，私たちの日常生活にも見られます。

例えば，飲食店でアルバイトしていて，「永田」さんか「☐」さんかわからないけれど「ながた」を名乗る人から電話で予約を受けたとします。この場合，「12：30 ナガタさん 3 名」のようにメモを書きませんか？

---

[2] 話しことばと書きことばで伝えられる情報の違いについては，詳しくは第 9 課を見てください。
[3] もちろん，このイメージはある種の先入観であって，特に (12) b については，日本語としての不自然さを強調しているようで不快感を持つ人もいるかもしれません。ここではその問題は保留しておきます（ことばと人物像との結び付きについては，第 7 課を参照）。

ここから，「聞こえた音をそのまま文字化する」という働きをカタカナは持っている，と言えそうです。カタカナは ◯ と違って一文字一文字に意味があるわけではありませんが，逆に「意味を表さない」ことでこのような働きが可能になっていると言えます。

最後に，もう一度先の(A)〜(C)の分類に戻ってみると，「音声を文字化する」という視点は，(A)に分類していた擬音語（音や声を表す）や外来語（日本語ではない単語を聞いたまま取り入れる）がカタカナ表記されるということにも当てはめることができそうです。もちろん，「音声を文字化する」という説明だけですべてのカタカナ表記を理由付けできるわけではありませんが，この点がカタカナで表記する際の大きな特徴になっていることは間違いありません。

5.6　この課のまとめ

この課では，一般的に外来語用の文字と考えられているカタカナについて，もっと多様な語や表現の表記に使われていることを見てきました。そして，カタカナが「特別さ」を表示する働きや「音声を文字化する」働きなど，ひらがなや漢字とは違う役割を日本語の中で果たしていることを確認しました。

ここで示した例だけ見れば，(A)〜(C)のパターンのどこかに当てはまる感じがしますが，実際の本や雑誌，ウェブページなどを見ていると，本当にさまざまなカタカナ表記の表現が出てきます。ぜひ一度，次の《問題》にあるように，外来語以外のカタカナ表記語を意識してみてください。そこでは，カタカナ表記を使った新たな創造性が見られるかもしれません。

《問　　　題》

【基礎】　みなさんがふだん読んでいる本や雑誌では，どんな語で(C)の「わざと」タイプのカタカナ表記が使われているでしょうか。参考文献欄の論文を参考にしながら，媒体やジャンルを決めて，実際に調べてみましょう。

【発展】　私たちは，いつ頃から，どんなものを見て，(C)の「わざと」タイプのカタカナ表記を自然なものとして受け入れているのでしょうか。そもそも，これはどうやったら調べられるでしょうか。

《興味を持った人の参考になりそうな文献》

秋月高太郎（2005）『ありえない日本語（ちくま新書）』筑摩書房
生熊　愛（2009）「表記による意味の独立―語幹がカタカナ表記される動詞の傾向―」『国文目白』48, 31-45
石黒　圭（2007）「第7講　カタカナの新用法―カタカナの文体―」『よくわかる文章表現の技術V ―文体編―』131-155, 明治書院
石綿敏雄（1989）「外来語カタカナ表記の歴史」『日本語学』8(1), 80-88
沖森卓也・笹原宏之・常盤智子・山本真吾（2011）『図解　日本の文字』三省堂
木村大治（2011）『括弧の意味論』NTT出版
中本美穂（2008）「小学生向け媒体におけるカタカナ表記の規範と実態―国語教科書と学年誌を例に―」『教育学研究紀要』54, 471-476
中山恵利子（1998）「非外来語の片仮名表記」『日本語教育』96, 61-72
成田徹男・榊原浩之（2004）「現代日本語の表記体系と表記戦略―カタカナの使い方の変化―」『人間文化研究』2, 41-55
野村剛史（2011）「カタカナ―発生から現在までの使われ方―」東京大学教養学部国文・漢文学部会（編）『古典日本語の世界　二―文字とことばのダイナミクス』119-149, 東京大学出版会
堀尾香代子・則松智子（2005）「若者雑誌におけるカタカナ表記とその慣用化をめぐって」『北九州市立大学文学部紀要』69, 35-44

《参考資料》

NHK放送文化研究所（編）（2011）『NHK漢字表記辞典』NHK出版
講談社校閲局（編）（1992）『日本語の正しい表記と用語の辞典（第2版）』講談社
時事通信社（編）（2010）『最新用字用語ブック（第6版）』時事通信出版局
毎日新聞社（編）（2007）『改訂新版毎日新聞用語集』毎日新聞社
宮地　裕ほか（2011）『こくご　二下　赤とんぼ』光村図書出版

第6課 文字表現の音声学

この課のねらい
現代の文字言語における非正規的な表記とマンガにおけるフォントの使い分けを通じて，文字言語と音声言語の関係を考えてみましょう。

キーワード：モーラ（拍），音引き，小書き文字（捨て仮名），ネオ濁音，声質（せいしつ），フォント（書体）

6.1 語の意味と話し手の気持ち

　ある部分を高く，あるいは強く発音することは，語の意味に大きく関わることがあります。現代ギリシャ語では，例えば「ポテ」という発音を，「ポ」の部分を強くして行えば「いつ」の意味になり，「テ」の部分を強くして行えば「決して／一度も…ない」の意味になります。そして前者は"πότε"，後者は"ποτέ"というように，強く発音する母音の文字（前者は o，後者は ε）にアクセント記号が付けられます。

　現代ギリシャ語のように語の意味に関わる発音の違いを文字で表し分けることは，日本語では一般に行われません。例えば「は」の部分が高い「はし」（箸）も，「し」の部分が高い「はし」（橋・□）も，文字表記としては同じ「はし」です。

　しかし，語の意味ではなく，話し手の気持ちが関与する場合，事情は違ってきます。気持ちに応じて柔軟に変わる発音に，文字表記が対応することがあり，さらにそこに，文字ならではの表現世界が開けることもあります。

〔問 1〕　次の (1), (2) それぞれを発音して，それぞれの長さがどうなっているかを調べましょう。

(1) a.　おそろしいねえ。
　　b.　おっそろしいねえ。
　　c.　おっっそろしいねえ。

(2) a.　後からじんわり効いてきます。
　　 b.　後からじんーわり効いてきます。

　俳句なら5・7・5，短歌なら5・7・5・7・7というリズムがありますが，その場合に「1」と数えるリズムの単位をモーラ（または拍）と言います[1]。「俳句（はいく）」なら3モーラ，「日本語（にほんご）」なら4モーラという具合に，日本語のかな文字は，基本的に1モーラの発音に対応しています。

　とは言え，常にそうだというわけではありません。上の(1)では，aよりもbが「っ」の分だけ長く，さらにcがbより「っ」の分だけ長くなっていますが，ではaよりもbがちょうど1モーラだけ長く，さらにcがbよりちょうど1モーラだけ長いかというと，必ずしもそうではないでしょう。同様に(2)でも，aよりもbが1モーラだけ長いとは限りません。発音の長さはいくらでも調節できますが，文字数はそうはいきません。例えば0.7モーラとか，2.25モーラといった発音の微妙な長さを文字でそのまま反映することはできないということです。

　インターネットのブログ記事には，次のような表記がよく見られます。
(3)　ひどーーーーーーーーーい！

　皆さんも友達とのメールで，このような表記を目にしたことがあるかもしれません。ここでは，音引き「ー」がたくさん並べられています。これらは，「ひどい」の「ど」の母音 /o/ を「ー」の数だけ伸ばして発音させるために並べられているのではありません。「ものすごくひどい」という気持ちに応じて話し手が（3.14モーラであれ4.44モーラであれ）適当に音声を伸ばすように，「ものすごくひどい」という気持ちに応じて書き手が適当に文字を伸ばしているのです。文字とモーラの対応は，ここでは成り立ちません。

6.2　「っ」とは？

　では，(4)のような，小さく書かれた「っ」の連続はいったいどういうものでしょうか。いや，その前に，「っ」とはいったい何なのでしょう？

---

[1] 1モーラの長さは，物理的に全く同じではなく，心理的になんとなく同じぐらいに感じられる時間の長さです。また，モーラあたりの時間は話す速さによっても変わります。

(4) 押すなよ，絶っっっっ対に押すなよ！

ここで，語の意味に関わるレベルにいったん戻りますが，次の (5), (6) を発音して比べてみましょう。

(5) a. じたい（事態）　b. じったい（実態）
(6) a. じさい（持斉）　b. じっさい（実際）

「た」/ta/ の子音 t とは，破裂音[2]と言われる音の一種です。破裂音 /t/ は二つの段階を経て発音されます。まず肺から息を吐き出しながら，舌先を上の歯茎に密着させて出口を塞ぎ，息を口の中に閉じ込めます（閉鎖の段階）。このとき，音は出ていません。次に，口の中の気圧が高まったところで舌先を歯茎から離して，圧縮されていた息を空気中へ噴出させます（破裂（開放）の段階）。このような形で弾けるような「トゥッ」という音が出ます。

この発音動作が (5)a や (5)b の「た」のところで行われるわけですが，「た」の前に「っ」が表記されている (5)b は，(5)a と比べると舌先を歯茎に当てて息をためる時間（閉鎖）が 1 モーラ分長くなっています。結論を言うと，小さい「っ」とは「直後の子音を 1 モーラ分長く発音しろ」という意味で促音と呼ばれます。直後の子音が /t/ のような破裂音の場合，破裂（開放）は一瞬で終わるため長くすることはできず，代わりに閉鎖の段階を 1 モーラ分長くして，破裂のタイミングを 1 モーラ分遅らせます。

一方 (6) の「さ」/sa/ の子音 s は，破裂音ではなく摩擦音という音の一種で，これは狭めだけで発音されます。肺から息を吐き出すことは共通していますが，破裂音のように舌先を上の歯茎に密着させるのではなく，舌先を歯茎にぎりぎり近付けて狭い隙間を作るのがポイントです。息がその狭い隙間を通り抜けるときに歯茎・舌と擦れて出るのが摩擦音です。破裂音と違って，□□□□ は持続できますので，/s/ の音を 1 モーラ分長く発音することは容易にできます。(5)b の「っ」と違って，(6)b の「っ」では息が絶えず出ています。「じ」と言ってから「さい」と言うまでは，(5)b のように口の中に息をためて音が出ないのではなく，sss と摩擦の音を発し続けているということに注意してください。

---

[2] 英語 "get" の "t" のように，閉鎖のみ行われ破裂（開放）が行われない場合があるので，閉鎖音とも呼ばれます。この課では代表して「破裂音」の語を用います。

先ほどの (4)「絶っっっっっ対」は，もはやモーラとの対応はなく，それぞれの「っ」が促音を表しているわけではありません。促音とは，本来直後の子音を1モーラ分だけ伸ばすという約束になっていますが，(4) の複数並んだ「っ」も，長さこそ決まっていませんが，「直後の子音を長く発音する」という部分は同じです。

　「っ」とは対照的に，音引き「ー」は，直 □ の音を長く行うということで，それが1モーラ分の長さと決まっていれば「音引きの文字」などと言われますが，先の (2)b「じんーわり」のようにモーラとは対応しない場合もあります。

6.3　文字表記と声の高さ—小書き文字と音引き記号

　小書き文字「っ」が直後の子音の時間を伸ばすものだということはいま見たところですが，それはこの文字が語中に記されている場合でした。実際にはこの文字は，語中だけでなく，語末にも記されることがあります。例えば，驚きの「あっ」や「げっ」のような場合です。

　この文字が語末に記されると，それは「あー」「げー」のように直 □ の母音を長く伸ばすのとは対照的に，直 □ の母音を短く，鋭く切って発音することを意味します。そのためには，喉のあたりに力を入れて，肺から上がってきた空気の通り道をしっかり閉鎖する必要があります（このような発声を声門閉鎖と呼びます）。語末の「っ」は，歯切れがよい力強さの表現に用いられます。「シュッ」などのオノマトペ末尾に「っ」がよく現れるのも，このためでしょう。

　ただし，語末の促音にはある副作用が生じます。次の (7)a〜c を発音して終助詞「よ」の部分を比べてみてください。

　　(7) a.　やーだよっ　　b.　やーだよー　　c.　やーだよぉ

　これらのうち，(7)a の「よっ」の部分は，声を高くして発音したのではないでしょうか。これは語末の「っ」を見て強く発音しようとするときに，同時に声の高さも上がるという副作用です。これに対して (7)b の音引きの「ー」では，最後の「よ」を，高さを変えずに延ばして発音したくなりますし，(7)c のように小書き文字「ぉ」が付くと，今度は「よ」の部分から「ぉ」にかけて下がるイントネーションになったのではないでしょうか。「よー」が平坦に発音されやすく，「よぉ」が下降イントネーションで発音されやすいということに

は，「ー」の平坦な形状や「ぉ」の下寄りの位置といった文字の視覚的印象が関与していると言えるかもしれません。

6.4　ネオ濁音

マンガなどでは，図6.1の「あ゛」のように，通常濁点が付かないはずの仮名文字に濁点が付けられていることがあります。このような濁点は秋月（2009）では「ネオ濁音文字」と呼ばれており，ここでも「ネオ濁音」と呼んでおくことにします。

濁点が付くのは，本来はカ・□・□・□行の仮名だけで，例外としては，外国語の /v/ の音を表記する際の「ヴ」ぐらいのはずでした。カ・□・□・□行の音はいずれも無声の破裂音・摩擦音で，濁点とは「子音を無声音ではなく，声帯を震わせて有声音で発音しろ」ということを付記する補助記号だったのです[3]。ナ・マ・ヤ・ラ・ワ行音の子音はもともと有声音で，ア行音もそもそも子音がなく有声音の母音で発音されるので，これらには濁点が付かないはずでした。

では，「あ゛」はどのように発音するのでしょうか？　実は答えようがありません。それは，正規の濁音のように発音に関して明確なルールがあるわけではなく，先ほど見た過剰な「っ」や「ー」のように，あくまで発音上のイメージを表しているだけです。したがって，ネオ濁音で表される音は，受け手（読み手）の判断にゆだねられるわけですが，おそらく，この「あ゛」は，喉に力を

図6.1　ネオ濁音の例［井上雄彦『バガボンド』1巻，1999年，講談社，p.120］
© I. T. Planning, Inc.

---

[3] 漢文において，中国語での声調を字の四隅のどれかに点をつけて注記するという声点が用いられていたのですが，この字の子音が有声音である場合に点を二つ並べたというのが濁点の由来です。なお，ハ行の子音は，発音に関わる部位（調音点）がバ行の子音とはずれています（ハ行の調音点は声門でバ行の調音点は両唇）が，これはハ行の子音の発音が時代とともに変化したためで，昔は「母」は「ファファ」と両唇音で発音していました。

込めた「りきみ声」で「あ」と発音するのではないでしょうか。

　なぜ「りきみ声」になるのでしょうか。秋月（2009）は濁音の「濁」という字の持つイメージに合わせて「きたない」声になるのではないかと述べています。しかし，発音から考えると，次のような説明もできます。無声音は声門を開いて声帯を振動させないのに対し，有声音は声門を閉じて声帯を震わせながら発音するため，わずかに喉に力を入れて声門を閉じる必要があります。したがって，本来有声音である「あ」に濁点を付けることは，余計に喉に力を入れて発音するというイメージにつながるので，その結果，りきみ声になると考えられます。

　いずれにしてもネオ濁音は，声質（せいしつ）に関わる表記だということになるでしょう。

〔問2〕　桂枝雀の落語における「スビバセンね」や，東海林さだおのマンガにおける「グヤジィ～」といった表記を調べて，そこに現れる濁音文字が濁音を表しているのかどうか，ネオ濁音との類似点・相違点に注目しながら考えてみましょう。

〔問3〕　ネオ濁音とは違って，「あ゚」のような「ネオ半濁音」はなぜ使われないのでしょうか。考えてみてください。また，半濁点「゚」をハ行以外のかな文字に付けるという表記が実際に行われたことがありますが，その例を調べ，半濁点の有無によってどういう音を表記で区別しようとしていたのか推測してみてください。

6.5　フォント―視覚言語の声

　書籍の表紙や雑誌の記事の見出し，看板，ウェブサイトなど，生活のあらゆる場所で，私たちはいろいろなフォント（書体）の文字に遭遇します（図6.2）。

　みなさんが使うパソコンにも明朝体やゴシック体などさまざまなフォントがインストールされていて，ワープロソフトなどでこれらを自由に選択して編集し，印刷することができます。市販の年賀状作成ソフトにも行書体や勘亭流などの筆文字フォントが収録されているものがあります。これらのフォントを用

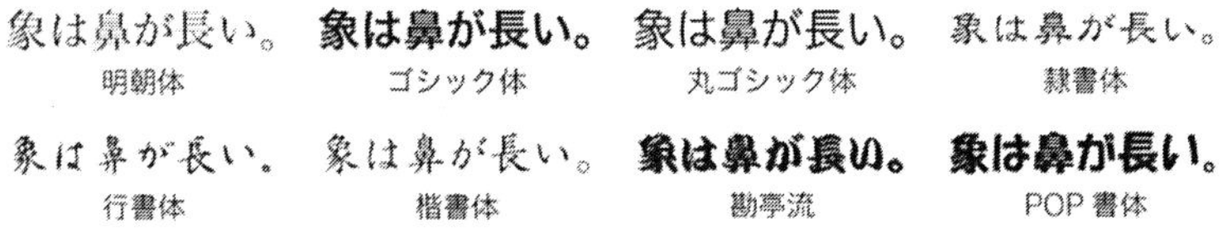

図 6.2 さまざまなフォント（書体）

いて年賀状やチラシを作ったことのある人も少なくないでしょう。

　このようなフォントには，単語や文章の意味などの言語情報だけでなく，それぞれの視覚的な特徴があり，読み手にさまざまな印象を与えます。例えば，丸ゴシックはそれぞれの文字（タイプフェイス）の線の丸みから柔らかさや親しみを受け手に与え，隷書体からは荘厳さが，POP 書体[4]からは楽しさなどが感じられます（個人差もあるでしょう）。

　フォントはまた，文章中でそれぞれの文字列が果たす役割によって使い分けられることが少なくありません。例えば，このテキストの本文に用いられている明朝体[5]は，連続して読むのに適した「可読性」を持っています。これに対してゴシック体は，目に付きやすく探しやすい「視認性」を持っており，見出しなどでよく用いられます。

　文字言語においてフォントが占める位置は，音声言語において声の高さや声質などが占める位置と似ていると言うことができるでしょう。この課のタイトル「文字表現の音声学」の意味が，そろそろわかってきたのではないでしょうか。

6.6　フォントと声の対応

　マンガは主に絵と文字で表現されるメディアですが，マンガでの文字の使われ方には，大きく分けて二種類あります。音や状況を表す擬音語・擬態語（オノマトペ）を手書きで描いた「描き文字」と，登場人物のセリフやモノローグ，あるいは場面説明に用いられる「ネーム」です。ネームの多くは活字として印

---

[4]　POP は point of purchase の略で，小売店での商品・価格掲示や広告で用いられる太い線が特徴的なフォントです。目に付きやすく，見る人に快活な印象を与えます。
[5]　明朝体はあくまで漢字の活字書体であり，かな文字は実際には楷書体が明朝体フォントとして含められています（祖父江 2008）。

6.6 フォントと声の対応

【通常のセリフ】
アンチゴチ
④巻 p.150

【叫び】
ゴナ
④巻 p.156

【叫び・よつば】
ゴカール
④巻 p.6

【苦痛の叫び】
古印体
④巻 p.16

(C)KIYOHIKO AZUMA／YOTUBA SUTAZIO

図 6.3 『よつばと！』4 巻におけるセリフのフォントの分類

刷され，さまざまなフォントが用いられています[6]。

　セリフは通常フキダシの中に書かれますが，では，そこで使い分けられるフォントが声とどのように対応するのでしょうか。図 6.3 は『よつばと！』4 巻（あずまきよひこ，2005 年，アスキー・メディアワークス）でセリフに用いられているフォントを採取し分類した例です。

　まず，『よつばと！』における登場人物の発声法としては，通常の地声と叫び声，苦痛を伴う叫び声が挙げられます。

　地声に対応するフォントは，アンチゴチと呼ばれる，かな文字に楷書体のアンチック体（明朝体で使われるものよりも線が太い），漢字にゴシック（ゴチック）体を用いた混植[7]で，これはマンガのセリフで用いられる最も標準的なフォントです。声の個人差（登場人物の違い）はフォントで表し分けられておらず，大人‒子どもの差，男女の差もフォントには見当たりません。

　しかし，叫び声については，5 歳の女児・小岩井よつばのものだけが，

---

[6] 新聞の 4 コママンガなど，ネームが作者の手書きで行われるものも少なくありません。また，ネームのフォント指定は作者よりもむしろ編集者によって行われるようです。参考：「嘘じゃないフォントの話　第 5 回　マンガの空気を生み出す「文字」」http://www.cinra.net/column/morisawa/morisawa05-3.php（2012 年 1 月 25 日確認）

[7] かな文字，漢字，アルファベット・アラビア数字といった字種ごとに別の書体を組み合わせることです。同じ明朝体でも字ごとに微妙に書体を替えて混植される場合もあります。

と呼ばれる曲線が特徴的なフォントがかな文字に用いられ，他の登場人物（大人・子どもを問わず）のゴナ（新ゴシック）から区別されています。叫びのゴナ（新ゴシック）は，地声のアンチゴチと比べると，その線の太さが目につきます。線をさらに太くしたものも，多くはありませんが使われます。それは，より強い叫びの声に用いられているようです[8]。

フォントの太さと音の関係は，ネームだけでなく，描き文字として書かれるオノマトペ（擬音語・擬態語）にも見られます。描き文字は，文字とは言いながら実質は絵であり作画者による差も大きいため，フォントほど単純に類型化できませんが，一般に，太い線の描き文字は，強く低い音を表すことが多いようです。

次に，苦痛を伴うときの叫びについてです。この場合は，線の太さによる調節ではなく，古印体という別のフォントが選択されています。このフォントの特徴である線のかすれは，しわがれ声（嗄声）という聴覚的（あるいは喉に痛みを感じるという点で触覚的でもある）特徴と対応しています[9]。

苦痛を伴うときの声は，しばしば顎を引き，舌根で声帯を押さえつけた状態で，「りきみ声」として発せられます[10]。りきみ声はしわがれ声と同じではありませんが，いずれも喉に負担をかける発声で，両者は共通しています。そのような背景から，苦痛の叫びには淡印体が用いられると考えられます。

最後に，「よつば」の叫びに用いら

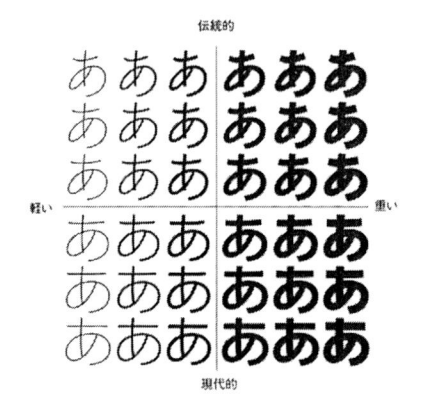

図 6.4 フォントのマトリクス［成澤 2002：89］

---

[8] 叫びの声の強さに応じてフォントの線の太さが変わることは，視聴覚間の比喩（メタファー）と似ている部分があります。ある感覚（例えば視覚）でのイメージが，他の感覚（例えば聴覚）の表現に使われることを共感覚的比喩と呼びます。視覚に関する語「明るい」が「明るい音」のように聴覚の表現に使われたり，触覚に関する語「暖かい」が「暖かい色」のように視覚の表現に使われたりするのはその例です。
[9] 注8と同様，これも共感覚比喩に似ていると言えます。
[10] ネオ濁音の箇所にも出てきたのを思い出してください。

れるフォントの丸みについて考えましょう。フォントが持つイメージを二つの軸の組み合わせで捉える方法が成澤（2002：89）で提案されています。その一例を図6.4に挙げます。

この図では，横軸として〈重い–軽い〉（つまり，線が太い–細い），縦軸として〈伝統的–現代的〉という軸が設けられていますが，縦軸は，形状の点から見ると〈曲線的–直線的〉ということでもあります。

幼児のかわいらしい柔らかい声が丸いゴカールのフォントで表現されることになるのは，視覚的な〈曲線的–直線的〉の縦軸が，触覚的に〈柔らかい–硬い〉へとつながり，さらに聴覚的にも〈柔らかい声（息混じりの声）–硬い声（地声）〉へとつながるからではないでしょうか。

6.7　この課のまとめ

声の高さや長さ，強さ，声質といった音声言語の情報は，文字言語では失われてしまいます。その中で，文字言語がいかにして音声言語に見られる「しなやかさ」を持とうとしてきたのかを，音引き「ー」や小書き文字「っ」，ネオ濁音などの非正規的な文字表記と，マンガのフォントを通して見てきました。

フォントはワープロソフトで簡単に選択できますが，文書や手紙，チラシ，案内の看板などに使用して，他人に送ったり，公にしたりする場合には目的や状況に応じた使い分けが必要です。それは対面コミュニケーションにおける声の使い方や身振り・姿勢と同じく，ビジネスや研究においてはマナーですから，正しく身に付けたいものです。

《問　　題》

【基礎】　丸ゴシック体やPOP書体，隷書体などの使用が不適切と思われる実例をそれぞれ挙げてください。現実のマンガのネームや描き文字を別のフォントや太さで置き換えてみて不自然さが感じられるかどうか，確かめてみましょう。また，これらが不適切な理由を音声言語になぞらえるとどのようになるのか考えてください。

【発展】　2002年ごろから，主に若年層の女性を中心にメールやブログなどで「きょぅゎたのしゎっțょ」のように小書き文字を多用するのが流行しました

が，この課で取り扱った小書き文字とはその使用動機が異なるようです。第9課の内容も参考にして，ウェブ上のコミュニケーションにおいて重視される文字表記の動機は何なのか，考えてください。

《興味を持った人の参考になりそうな文献》

秋月高太郎（2009）『日本語ヴィジュアル系―あたらしいにほんごのかきかた』角川書店

犬飼　隆（2002）『文字・表記探索法』朝倉書店

沖森卓也・笹原宏之・常盤智子・山本真吾（2011）『図解　日本の文字』三省堂

斎藤純男（2006）『日本語音声学入門　改訂版』三省堂

定延利之（2005a）『ささやく恋人，りきむレポーター―口の中の文化』岩波書店

定延利之（2005b）「話しことばと書きことば（文字編）」上野智子・定延利之・佐藤和之・野田春美（編）『日本語のバラエティ』108-113，おうふう

祖父江慎（2008）「ブックデザインとかなもじ書体のフシギ」祖父江慎・藤田重信・加島　卓・鈴木広光『文字のデザイン・書体のフシギ』6-51，左右社

高柳ヤヨイ（2005）『文字のデザインを読む。』ソシム

成澤正信（2002）「今さら聞けない文字デザインの基本」『デザインの現場』編集部（編著）『文字大全』88-96，美術出版社

Alku, Paavo, Bäckström, Tom and Vilkman, Erkki（2002）"Normalized amplitude quotient for parametrization of the glottal flow", *Journal of Acoustical Society of America*, 112, 701-710

Campbell, Nick and Mokhtari, Parham（2003）"Voice quality: the 4th prosodic dimension", *Proceedings of the XVth International Congress of Phonetic Sciences*, 3, 2417-2420

http://www.speech-data.jp/nick/pubs/vqpd.pdf

Kamiyama, Takeki and Yamamoto, Yoshino（2007）"Visual representation of prosody for tactful communication skill — the case of request in Japanese as a Foreign Language taught to French university students", *Proceedings of Phonetics Teaching & Learning Conference 2007*

http://www.phon.ucl.ac.uk/ptlc/proceedings/ptlcpaper_37e.pdf

第7課 文末の小宇宙

この課のねらい

この課で取り上げるのは「ダヨーン」などの「キャラ語尾」です。キャラ語尾を出発点として，日本語の文末形式，特にコピュラと終助詞などについて考えてみましょう。

キーワード：膠着語，主要部後置，役割語，人物像（キャラクタ），キャラ語尾，コピュラ，終助詞，キャラ助詞

7.1 末尾は体を表す？

「ダヨーンおじさん」（『おそ松くん』），ネコの「ニャロメ」やカエルの「ベシ」（『もーれつア太郎』）など，赤塚不二夫のマンガには変な名前の人物や動物が登場します。彼らのセリフは，いつも末尾が「だよーん」「ニャロメ」「べし」になっていて，それがそのまま名前になっているのです。

末尾形式と名前のつながりは，マンガだけでなく現実世界にも見られるでしょう。その人が発話の中でよく使う末尾形式をもとにあだ名を付けた，あるいは付けられたということはありませんか？ 人類学者の梅棹忠夫も，エッセイの中で (1) のようなことを書いています。

(1) わたしの中学校時代の先生で，「ですね」というあだ名のひとがいた。ひとこというたびに「ですね」ということばがはさまる。「そしてですね」「それがですね…」という調子である。

　　　　［梅棹忠夫『あすの日本語のために』1987年, くもん出版, p.180］

このように，日本語では発話の末尾形式が，発話者の特徴付けに大きく関係しています。ここでは，末尾形式のうち，特に文末の形式について考えてみましょう。

7.2 主要部後置ということ

　日本語の特徴の一つに，文末形式の豊富なバラエティが挙げられます。述語が動詞「食べる」の場合，これだけで「食べる。」と終わることもあれば，これにさまざまな付属語が付いて，極端な場合，(2)のように長くなることもありえます。

　(2)　食べ―させ―られ―てい―なかっ―た―らしい―です　―よ　―ね。
　　　（動詞語幹）（使役）（受身）（進行）（否定）（過去）（伝聞）　（丁寧）（終助詞）（終助詞）

　これら付属語は，述語に無秩序に付くわけではなく，順序が決まっています。まずヴォイス（使役・受身）の付属語「させ」と「られ」，次にアスペクト（進行・完了など）の付属語「てい」，さらに否定の付属語「なかっ」，そしてテンスの付属語「た」という順序が狂ってしまうと，「食べなかっていられさせた」のように文が不自然になります。これらの付属語の後に続いている，伝聞を表す「らしい」と，丁寧の「です」，終助詞「よ」と「ね」の順序も変わりません。

　「君が」「君を」のように，日本語では単語「君」の後ろに「が」や「を」が付いて意味関係を表しますが，ドイツ語のような言語（屈折語と呼ばれます）だと，「君が」が"du"で「君を」が"dich"になるように，「君」の部分と「が」や「を」の部分が混然一体となって現れます。また，中国語のような言語（孤立語と呼ばれます）であれば，"我愛你"（ウォーアイニー，私が君を愛している）と"你愛我"（ニーアイウォー，君が私を愛している）のように，「君を」も「君が」も"你"（ニー）で，ただそれが動詞"愛"（アイ，愛する）の前なのか，後ろなのかによって「君が」・「君を」の意味関係が表されます。日本語は屈折語や孤立語と違って，「くっつける」言語（膠着語）に属しており，いま(2)で確かめたように，膠着語としての性格は文末においても強く発揮されます。

　そして，例えば「赤い本」は「赤い」の一種というより「本」の一種であって，「ゆっくりしゃべる」は「ゆっくり」の一種というより「　　　」の一種であるように，膠着語の日本語において，より大事なものは，より後ろに置かれる（主要部後置）と考えられています。もちろん発話者にしてみれば，「君を」としゃべる場合は「君」も「を」も大事なのですが，言葉のシステムの中では，後ろにくっつくもの（「□」）の方が，くっつかれるもの（「□」）よりも，

実は大事なものとして扱われているということです。

　先ほどの（2）の例では，最後に現れているのは「よ」や「ね」のような，コミュニケーションに強く関わる終助詞です。これは，日本語という言葉のシステムが，コミュニケーションに強く関わる表現を，きわめて重要なものとして扱っているということになるでしょう。

〔問1〕　過去に学校，クラブ活動やアルバイトなどで，ことばづかいについて指摘されたことはありませんか？　文末形式に注意しないといけない場面を思い浮かべ，そのときの正しい例と不適切な例を考えてみてください。

7.3　役割語とキャラ語尾

　この課の冒頭では，発話の末尾が発話者の特徴付けに関係している例を挙げましたが，日本語の文末には，「発話者はどんな人物か」を強く示す特徴が現れることがあります。

〔問2〕　次の（3）の発話者がそれぞれどんな人物なのか，考えてみましょう。
　(3) a. そうよ，知ってるわ。
　　　b. そうじゃ，知っておる。
　　　c. そや，知っとるでえ。
　　　d. そうあるよ，知ってるあるよ。

〔金水 2003：ⅴ より抜粋の上，改変〕

　みなさんのうち，日本語の母語話者でない人には，難しい問題だったかもしれませんが，(3) a は女の子を中心とした女性，(3) b は老人，(3) c は関西人（特に ☐ 人），(3) d は中国人が浮かんだのではないでしょうか。もちろん，(3) a のようにしゃべる女の子が本当にいるのか，(3) b のようにしゃべる老人や，(3) d のようにしゃべる中国人が本当にいるのかというと，かなりあやしいのですが（(3) c のようにしゃべる関西人はいっぱいいます），マンガ・アニメやショートコントなどの演技で用いられるようなイメージとしては，発話者の人

物像と結び付いた，そのようなしゃべり方が日本語社会にはあるようです。

このように，あることばづかいから特定の人物像が，逆に，ある人物像から特定のことばづかいが思い浮かべられる場合，そのことばづかいは金水 (2003) では「役割語」と呼ばれています[1]。また，役割語と結び付く人物像は「キャラクタ」，適宜略して「キャラ」と呼ばれることがあります。日本語では，私たちが想像する以上に多くのことばが役割語なのですが，程度はまちまちです。その中でも，役割語としてはっきりしているのが，自称詞 (「わたし」「おれ」「わし」「拙者」「まろ」など) と，(3) で見たような文末形式です。日本語には自称詞や文末形式が豊富にあり，発話者の人物像つまりキャラクタは，自称詞と文末形式だけでもかなり鮮明に表現できます。

7.4 キャラ語尾

金水 (2003) では，役割語の文末表現のうち，文法上・コミュニケーション上の機能を持たず，もっぱら発話者のキャラクタを示すことばが「キャラ語尾」と呼ばれています[2]。このキャラ語尾は，「キャラコピュラ」「キャラ終助詞」「キャラ助詞」の少なくとも三種類に大別できます (定延・張 2007)。それぞれ見ていきましょう。

7.4.1 キャラコピュラ

コピュラ (copula) とは，英語の "be" や中国語の "是" のように，主語と補語を繋いで述語を作ることばで，繋辞とも呼ばれます。日本語のコピュラと言えば，断定の助動詞「だ」「である」「です」などが代表的ですが，他にもさまざまな変種があります。

キャラ語尾としてのコピュラは，定延 (2007) では「キャラコピュラ」と呼ばれています。コピュラ「だ」「である」「です」は「キャラが薄く」，キャラコピュラとしては周辺的な地位にとどまりますが，その豊富な変種は「キャラ

---

[1] ことばと発話者の人物像との結び付きは，ことばの「心理的位相」という形でも研究されてきたものです。詳しくは菊澤 (1933)，田中 (1999) などを参照してください。

[2] キャラ語尾が日本語で特に発達した理由については，定延 (2007)，金水 (2011) を参照してください。

が濃く」，結び付くキャラクタがかなり明確で，よりキャラコピュラらしいと言えます。

具体例を挙げれば，平安貴族の「でおじゃる」，侍や忍者の「で□」，幇間など子分キャラの「でやんす」「でがす」「でげす」，花魁の「でありんす」，幼児の「でしゅ」「で□ゅ」，老人の「じゃ」，体育会系の「っす」，中国人の「あるよ」，大阪人の「でおます」「でんねん」，京都人の「どす」，鹿児島人の「でごわす」などです。これらの多くは，「でおじゃる」のように「で」で始まり，「夜でおじゃる」「寝るでおじゃる」「眠いでおじゃる」のように，名詞（「夜」）だけでなく動詞（「寝る」）や形容詞（「眠い」）にも付きやすいという特徴を持っています。

もっとも，こうしたキャラクタや役割語はあくまでイメージで，現実の実態とは必ずしも合致しません（金水 2003；田中 2010）。例えば「でおじゃる」というのは現実には平安貴族のことばではなく，室町時代から江戸時代にかけての京都の庶民のことばでした。「でおます」「でんねん」としゃべる現実の大阪人は，一部の年配層に限られていますし，そうした大阪人が，お笑い芸人や商人，あるいはヤクザなどと一致するわけでもありませんので注意が必要です。

〔問3〕 首都圏を中心に，若年層の日常会話において突発的に他方言のキャラ語尾を用いる「ニセ方言」（田中 2010）の使用が指摘されています。ニセ方言の使用は，場面に応じた共通語・方言の切り替え（コード・スタイルの切り替え）とは異なり，役割語として自称詞や文末形式だけに方言語彙を使うというもので，小林（2004）は「方言のアクセサリー化」，田中（2010）は「方言コスプレ」と呼んでいます。このようなニセ方言が使用される動機にはどのようなものがあるか，考えてください。

7.4.2 キャラ終助詞

キャラ語尾としてのコピュラ（キャラコピュラ）と同様，定延・張（2007）ではキャラ語尾としての終助詞が「キャラ終助詞」と呼ばれ，日中両語のキャラ終助詞が観察されています。

終助詞と言われてすぐ思い浮かぶ「よ」や「ね」も，よく考えてみれば，例

えば『ゴルゴ13』のデューク東郷のセリフの中には現れそうにないように，どのようなキャラクタでも発するものではなく，発話者のキャラクタが限定されているので，キャラ終助詞と言えます。しかし，発話者のキャラクタがもっとはっきりしている，よりキャラ終助詞らしいものとしては，たとえば「よ」の変種の子どもっぽい「よん」「よーん」や「お」，さらに北海道・東北・北関東人の「べ」などを挙げることができます。それぞれ例を (4)～(6) に挙げておきます。

(4) 　木と遊ぶ！番外編だよ〜〜ん！
　　　　〔http://kiraku-ya.cocolog-nifty.com/blog/2011/05/post-679a.html,
　　　　　　　　　　　　　　　　　　　　　　2012年1月25日確認〕

(5) 　もうブーンは必要ないんだお…
　　　　　　〔http://vipvipblogblog.blog119.fc2.com/blog-entry-160.html,
　　　　　　　　　　　　　　　　　　　　　　2012年1月25日確認〕

(6) 　丁度いい　これで休憩するべ
　　　　　　　　〔あずまきよひこ『よつばと！』10巻，2010年，
　　　　　　　　　　　　アスキー・メディアワークス，p.129〕

注意が必要なのは，「キャラコピュラ」と「キャラ終助詞」は連続的な関係にあり，両者の区別は程度問題だということです。たとえば「にょろ」は，次の (7) では終助詞「よ」の前に現れており，「だ」「です」「でおじゃる」などと似ているので（「だよ」「ですよ」「でおじゃるよ」），キャラコピュラのように見えます。

(7) 　本官は小悪魔ニョロよ
　　　〔フジテレビ『夢で逢えたら』に登場するガラランョロロ巡査のセリフ〕

しかし，次の例 (8) では，「にょろ」は「よ」の前であるだけではなく，「だ」の後ろでもある位置に現れています。

(8) 　うみへび座だにょろよ
　　　　〔『とむさん的日々』http://tomsan.hamazo.tv/e1176659.html,
　　　　　　　　　　　　　　　　　　　　　　2012年1月25日確認〕

「にょろ」はキャラコピュラの性質だけでなく，キャラ終助詞の性質も持ち合わせており，だからこそ両者の中間的な位置に現れるのでしょう。

7.4.3 キャラ助詞

　キャラ語尾の三種類目を紹介する前に，伝統的な終助詞の分類をまとめておきましょう。渡辺（1971）では次の表 7.1 のように，終助詞はその出現順序から 3 類に分けられており，そのうち第 1 類は，コピュラと一緒に現れてはいけない甲種と，そうではない乙種に分けられています。

　このうち，第 1 類甲種は，「ださ」「です□」「であるさ」「だか」が不自然になるように，コピュラ「だ」「です」「である」に続いて現れることができないものです。乙種は逆に名詞述語になる場合に，「だ」「です」「である」などのコピュラが必要となるものです[3]。

　さて，ここで取り上げるキャラ語尾は，伝統的には文の最後に現れると考えられている終助詞第 3 類「ね」「な」よりも後ろに現れるものです。次の例 (9) を見てみましょう。

(9)　思わずニコニコしちゃう日記を書くぷーん。見てねぷーん。
　　　[『☆ぷーんのニコニコ日記♪』http://nikonikopuney.blog105.fc2.com/
　　　　　　　　　　blog-category-0.html，2012 年 1 月 25 日確認]

(9) は，『☆ぷーんのニコニコ日記♪』と題されているブログの冒頭にあったもので，プロフィールにも「こんにちは！　にこにこぷーんです！！　ぷーんって呼んでくれ☆」とあることから，「ぷーん」さんの文章と言えるでしょう。「ぷーん」さんの文章には文末に「ぷーん」がよく現れています。第一文の末尾にも「ぷーん」が現れていますが，続く第二文「見てねぷーん」にも「ぷーん」が，終助詞「ね」の後ろに付いて現れています。

表 7.1　終助詞の分類（渡辺 1971：147）

	第 1 類 （判定とのつながり）	第 2 類 （訴え）	第 3 類 （呼びかけ）
甲種 （コピュラ共起不可）	さ・か（疑問）	よ	ね・な
乙種 （コピュラ共起可）	わ・ぜ・ぞ な（禁止）		

---

[3] ただし，「です」「である」や，キャラコピュラ的色彩の濃い「でおじゃる」「でござる」「でやんす」「でがす」「っす」については，「か」の前に現れることができますが，「さ」の前に現れることは不自然です．

この「ぷーん」のようなことばは，「ね」よりも後ろに来ることから，第4類の終助詞とでも考えればよさそうです。しかし，それには問題があります。「ぷーん」のようなことばは終助詞とでは，少なくとも二つの点で性質が異なっています。

第一に，結び付く対象に違いがあります。単純化して述べますが，例えば終助詞「よ」は教示，終助詞「か」は疑問，終助詞「ね」は確認などというように，終助詞は発話者の態度や行動と結び付くと考えられてきたのに対して，上の「ぷーん」(特に(9)の「ぷーん」)は，発話者の態度・行動というよりも，発話者自身の何らかのアイデンティティ(自分が何者としてこの場にいるのか)と結び付くと考えられます。

第二は，創造性です。終助詞というカテゴリーは，「よ」「ね」「ぞ」などの決まったメンバーから成り立っていて，例えば「こ」「ほ」「ま」などという，まったく新しい終助詞を勝手に作り出すことはできません(作っても，終助詞とは思われないでしょう)。また，7.4.2項で見たキャラ終助詞についても，「よん」「よーん」「お」が終助詞「よ」をベースにした変異形であること，「べ」が方言で用いられる終助詞であることから，これらは終助詞の新メンバーであるとは言えません。

一方，終助詞に対して，例えば(9)の「ぷーん」や図7.1の「ぴょーん」などは勝手に作り出すことができます。念のために，終助詞「ね」「□」の後ろ

図7.1　「ぴょーん」の例［あずまきよひこ『よつばと！』10巻，2010年，アスキー・メディアワークス，p.200］

に付いている「ぴょん」「ぷーん」の例を (10), (11) に挙げておきます。

(10) 鬼の工場長だねぴょん

[『むそおんぶろぐ。』http://musouondiary.blog43.fc2.com/blog-entry-101.html, 2012 年 1 月 25 日確認]

(11) pomakku とだゆりか

眠たくなってきたぷーん。新しい恋でもしよかなぷーん(｡·_-｡)♪笑
[http://twitter.com/#!/pomakku, 2012 年 1 月 25 日確認]

ここから考えられるのは,「ぴょん」「ぷーん」などは終助詞ではない,別種のことばであるということです。定延 (2007) ではこのようなことばを「キャラ助詞」として分類しています[4]。

7.5 文末形式とキャラ

最後に,標準的な終助詞とコピュラについてあらためて考えてみましょう。

まず,終助詞について見てみましょう。終助詞の多くは,それを使用する話者のキャラクタと大きく結び付いています。例えば,「ぜ」や「ぞ」は態度のでかい男性が用いる,「わ」はお嬢様や気の強い女性が使うといったように,キャラクタに合った話し方の中に終助詞の使い分けが見られます。

次に,コピュラについて考えてみましょう。7.4.1 項で述べたように,キャラコピュラの多くは,「夜でござる」「寝るでござる」「眠いでござる」のように,名詞(「夜」)だけでなく,動詞(「寝る」)や形容詞(「眠い」)にも付きやすいという特徴を持っています。しかし,キャラがさほど濃くない「だ」「です」「である」や,非常に短い「じゃ」はどうでしょうか?

「夜だ」「夜＿＿＿」「夜じゃ」が自然であるように,「だ」「である」「じゃ」は名詞の直後には付きますが,「寝るだ」「寝るである」「寝るじゃ」,あるいは「眠いだ」「眠いである」「眠いじゃ」が不自然であるように,動詞と形容詞には付きません。これらのコピュラを動詞や形容詞に付けるなら,動詞・形容詞の前

---

[4] 終助詞「わ」は自称詞の「わ(我)」に由来する,つまり発話者のアイデンティティに関わるという説があるのですが(藤原 1990),もしそうだとすれば,キャラ助詞とキャラ終助詞の区別も,キャラコピュラとキャラ終助詞の区別と同様,程度問題と言えるのかもしれません。

に，準体助詞「の」（話し言葉では「ん」）を付けて名詞にしてからでないと（「□□□□」「眠いの」），付くことができません。

「です」は，「でござる」のようなキャラの濃いキャラコピュラと，「だ」「である」「じゃ」などの中間にあり，「□□です」のように形容詞には付く一方で，「□□です」が不自然なように動詞には付きません（動詞でも否定形「寝ない」なら「です」が付きやすく思えるのは，そもそも日本語では動詞の否定形が形容詞の性質をかなり持っているからです）。

しかし，「です」の変異形「でしゅ」「でちゅ」「っす」になるとキャラが濃く，「寝るでしゅ」「寝るでちゅ」「寝るっす」のように動詞に付きます。さらに「です」も，『サザエさん』のフグ田タラオ（タラちゃん）やPEACH-PIT『ローゼンメイデン』の翠星石のように，発話者のキャラクタ（いずれも子どもっぽいキャラです）が特に明確な場合は，動詞に付けることができます（川瀬2010）。また，動詞の後に付く「です」には，(12)のようなちょっと気弱な人の物言いや，逆に(13)のような自信たっぷりに話す老人の例，さらには(14)のような古い例もあります。

「です」の実態を網羅的に把握するにはまださらなる調査が必要ですが，みなさんは下の例を見て，動詞の後に付く「です」にはどんなキャラクタが背後にあると思われますか。

(12) そのあと相原君，北川君のふたりは一緒に飲みに行ったと思います。ぼくは帰ったですけど。
　　　　　　　［松本　修『探偵！ナイトスクープ　アホの遺伝子』2005年，
　　　　　　　　　ポプラ社，p.211（桑原尚志氏の文章の箇所）］
(13) その時ですね，警視庁視察に行ったです。警視庁の警察犬を視察に。
　　　　　　　［都築響一『珍日本超老伝』2011年，筑摩書房，p.366
　　　　　　　　　（丸星中華そばセンター・小川泉氏へのインタビューの箇所）］
(14) 「神聖な労働なら何でもやるです」　　［夏目漱石『坑夫』1908年］

以上のことから，日本語の文末に陣取るコピュラ・終助詞は，話者が何者として話すかに合わせて選ぶ必要があり，キャラ語尾と連続しています。また，キャラコピュラとして用いられた「です」には，通常の用法とは異なる文法規則が適用されることから，キャラクタが実は文法に関わっていることも示唆されます。

7.6 この課のまとめ

　この課では「膠着語」「主要部後置」という日本語の性質を確認した上で，日本語の文末形式について観察しました。日本語の文末形式はバラエティ豊かで，文末には発話者のキャラクタと結び付くことばが多く現れがちです。それらのことばは，金水（2003）では「役割語」のうち「キャラ語尾」と位置付けられます。この課では，キャラ語尾に，「だ」「です」などのコピュラ相当のもの（キャラコピュラ），「よ」「ね」などの終助詞相当のもの（キャラ終助詞），さらに，終助詞よりもさらに後ろに現れるもの（キャラ助詞）があるということを具体的に学びました。

《問　　題》

【基礎】　マンガなどからキャラ語尾の用例を見付け，それが，キャラコピュラであるか，キャラ終助詞であるか，それともキャラ助詞であるかを分類してみてください。この分類に当てはまらないものがあれば，それも指摘してください。

【発展】　次の例は，アニメ『涼宮ハルヒの憂鬱』の日本語オリジナル版と英語吹替版のセリフです。この英語版では，キャラ語尾「にょろ」がそのまま"Nyoro"とされ，文末のカンマの後に現れています。

　　（日本語版）　どうだいっ。この衣装，めがっさ似合ってると思わないっかな？　どうにょろ？
　　（英語版）　What do you think about my outfit? Doesn't this thing look totally awesome on me, Megas? Aren't they cute, Nyoro?

　日本のマンガ・アニメなどの翻訳例を集め，このようなキャラ語尾の翻訳として，どのような語句が，どのような位置に現れているのか，調べてみましょう。

《興味を持った人の参考になりそうな文献》

川瀬　卓（2010）「キャラ語尾「です」の特徴と位置付け」『文献探求』48，125-138
菊澤季生（1933）『國語位相論』明治書院
金水　敏（2003）『ヴァーチャル日本語　役割語の謎』岩波書店
金水　敏（2011）「現代日本語の役割語と発話キャラクタ」金水　敏（編）『役割語研究の展開』7-16，くろしお出版
小林　隆（2004）「アクセサリーとしての現代方言」『社会言語科学』7(1)，105-107
定延利之（2007）「キャラ助詞が現れる環境」金水　敏（編）『役割語研究の地平』27-48，くろしお出版
定延利之（2011a）『日本語社会　のぞきキャラくり―顔つき・カラダつき・ことばつき』三省堂
定延利之（2011b）「キャラクタは文法をどこまで変えるか？」金水　敏（編）『役割語研究の展開』17-26，くろしお出版
定延利之・張　麗娜（2007）「日本語・中国語におけるキャラ語尾の観察」彭　飛（編）『日中対照言語学研究論文集』99-119，和泉書院
田中章夫（1999）『日本語の位相と位相差』明治書院
田中ゆかり（2010）『首都圏における言語動態の研究』笠間書院
藤原与一（1990）『文末詞の言語学』三弥井書店
渡辺　実（1971）『国語構文論』塙書房

第8課 ググると正しい日本語がわかる？

この課のねらい

インターネットにおけるサーチエンジンやコーパスを題材として，日本語の規範と傾向について学びましょう。

キーワード：サーチエンジン，コーパス，フレーズ検索，ゆれ，正規表現

8.1 サーチエンジンとは？

Googleなどインターネット検索サービス（サーチエンジン）は，「知らないこと」を調べるのに，今や辞書以上に身近で便利な存在で，「Googleで検索する」という意味の「ググる」ということばも登場しています[1]。ただ，サーチエンジンから得られる情報が玉石混淆であるため，辞書の代わりとして用いることには批判も多いのが実情です。しかし，サーチエンジンは，非常にばらつきのある多様な情報が得られるからこそ，それを逆手にとって日本語母語話者の意識の集大成と捉えることで，日本語の規範と傾向について知る手がかりとなる可能性を持っています。ググって正しい日本語について考えてみましょう。

8.2 正しい日本語？

源氏物語のような千年前の日本の文章を見ると，現代の日本語とは相当違うということがわかります。つまり，日本語は千年で，大きく変わっているわけです。日本語に限らず，言語というものは変化することを当然の前提として含んでいますので，正しい日本語というものがあったとしても，それは少しずつ

---

[1] インターネットの掲示板やチャットなどでは，「それくらい自分でGoogle検索などを使って調べろ」という意味で「ググれカス」というフレーズが使われることもあります。ちょっと乱暴な言い方なので，最近は「おググりください」などに言い換えた方がいいのではないかという議論も真剣に（？）行われています。

形を変えていることを前提にしなければなりません。

　しかも，時代による変化だけではなく，地域による違い（方言），世代による違い（若者ことばなど），職業など特定集団による違い（業界用語など）のように，言語は同時代であっても，さまざまな多様性を含んでいます。方言を例にとれば，東京の山の手の方言をもとにした標準語ないし共通語が，正しい日本語とされることもあります[2]。しかし，何を正しい日本語とするかは，政治的な問題にも多分に関わってくるので，簡単には決められません。ただ，「多くの人が使っている」ということを，△△△△△△の一つの条件にすることに反対する人はいないでしょう。サーチエンジンはこの，「現代日本において多くの人が使っている日本語」を調べるのに，最適なツールなのです。

8.3 「言いません」と「言わないです」をググる

　「「言いません」としか僕は言わないです」というタイトルの論文があります（福島・上原 2004）[3]。このタイトルからわかるのは，動詞のデスマス体の否定の言い方には二種類があるということです。動詞「言う」を例にとれば，「言いません」と「言わないです」です。

　みなさんの言語直観では，どちらをよく使う（使っている）気がするでしょうか？　では，考える前に，まずググってみましょう。

　　言いません　　約 119,000,000 件
　　言わないです　約　44,800,000 件

どうやら「言いません」の方が多いようですね。これだけでも，「「□□□□□」の方が普通」という判断の根拠になりそうです。しかし，ちょっと待ってください。上記の結果は，Google の検索窓に「言いません」と「言わないです」を入力した結果ですが，「言わないです」の検索結果には次の（1）のようなものがありました。

　(1)　もう「ググる」と言わないで！　ブランド消失の危機に恐れる米グー

---

[2]　「標準語」という用語は，日本語を無理に統制しようとする政治的な色合いが強すぎるのではないかと考える研究者も多く，現在では「共通語」という用語が使われることが多くなっています。

[3]　矛盾しているのがわかりますよね？　「言ってるじゃん！」と思わず突っ込みたくなります。

8.3 「言いません」と「言わないです」をググる

グル．（中略）日経ビジネスオンライン SPECIAL は，日経 BP 社経営情報グループ広告部が企画・編集しているコンテンツです．

[http://business.nikkeibp.co.jp/article/topics/20060926/110519/, 2012 年 1 月 25 日確認]

　おわかりでしょうか？　第 1 文の「言わないで」の「言わない」と，末尾部分の「です」がバラバラに検出されています．サーチエンジンに入力したキーワードは，形態素解析という技術[4]で，バラバラにしてから検索されるのが一般的です．バラバラに検出されてしまうという現象を避けるには，Google だと「検索オプション」で「語順も含め完全一致」の検索窓を使用します．画面の一番右上に歯車のアイコンがあるので，それを押すと「検索オプション」が選べるようになるので，その中の「語順も含め完全一致」の検索窓を使用してください．もしくは，普通の検索窓で「"言わないです"」のように，バラバラにされたくない表現を" "（ダブルコーテーション）でくくっても同じ効果

---

[4] 形態素解析については第 3 課を参照してください．Google 検索でどのように形態素解析をしているかは，下の図 8.1 の丸で囲んだ部分のように，検索結果の「キャッシュ」というところをクリックすると，一番上に「キーワード」として，スペースで区切られた形で形態素解析の結果があるので見分けがつきます．「言わないです」は「言わ　ない　です」，「言いません」は「言い　ませ　ん」となっていました．

図 8.1　(1) の画像

が得られます。こうした検索方法をフレーズ検索と言います。
　それでは，「言いません」と「言わないです」を改めてフレーズ検索でググり直してみましょう。

　　言いません　　　約 7,830,000 件
　　言わないです　　約 89,200,000 件

　今度は「言わないです」が「言いません」より多くなりましたが，それ以前の問題として，「言わないです」はフレーズ検索による検出件数（約 89,200,000 件）が，先ほどの通常検索による検出件数（約 44,800,000 件）を上回ってしまっています。これは，理屈から考えるとおかしな話です。フレーズ検索よりも通常検索の方が条件が緩く，「言わ」と「ない」と「です」がこの順序で互いに直接つながっているもの（つまり「言わないです」）も通常検索で検出されるので，☐☐検索による検出件数の方が☐☐☐☐☐検索による検出件数よりも多くなるはずですが，通常検索の中身は不明で，こうした理屈に合わないことが多々起きてしまうのです。ちなみに「言わないです」と似た表現である「見ないです」の場合は，通常検索による検出件数が約 581,000,000 件で，フレーズ検索による検出件数が約 78,900,000 件と，逆転現象は起こりません[5]。
　つまるところ，Google の単純なヒット数は，あまり当てにならず，鵜呑みにはできないということです。そもそもサーチエンジンの検索は，検索対象となるインターネット上のデータが，刻一刻と変化しているため，ちょっと時間を置いて検索してみると，全く数が違うという場合も多いのです[6]。
　サーチエンジンによる検索は，他にも，いろいろと問題があります。次の例を見てみてください。
　(2)　遅すぎたと言わないですみますように

---

[5]　Google 検索の中身は謎が少なくありません。
[6]　ここで示している数は，この原稿を書いている 2011 年 5 月 26 日の数値です。いま，あなたがこのテキストを読んでいる時点で，同じ検索をしても，数は全く異なるでしょう。つまり，同じことをしても同じ結果にならないわけで，これを「再現可能性がない」と言います。理科の実験だと，再現可能性がない現象は信じられませんよね。それぐらい，サーチエンジンでの検索は，信頼性が低く，目安に過ぎないということです。

[http://tomomi88.blog79.fc2.com/blog-entry-35.html,
2012 年 1 月 25 日確認]

「言わないです」の検索結果に,「言わないですむ」も入ってしまっています。もちろん,厳密に日本語学の研究をするのであれば,こうした例を手で取り除いたり,正規表現を使って[7]，後文脈（検索部分に続く文字列）を限定したりという作業が必要になります。ただ，一般的なサーチエンジンでは ＿＿＿ は使えないことが多いのが現状です。「多くの人が使っている日本語」をちょっと調べたいなというぐらいなら，このあたりも誤差と見ていいかもしれません。

〔問 1〕　さまざまな「ゆれ」のある表現をググってみましょう。

8.4　「言いません」と「言わないです」をコーパスで調べる

前節でわかったことは，ググって出てきた数というものが，あまり信用できないということです。ちょっと思い付きで調べるぐらいならいいのですが，検出数を根拠に「使う」とか「使わない」とかいうことをちゃんとした形で議論するのは難しいようです。

それではどうすればいいでしょうか？　前節で述べたように，サーチエンジンの問題は，検索の中身が不明な上に，検索対象となるデータが刻一刻と変わってしまい，再現可能性がないということです[8]。もちろん，手軽かつ天文学的なデータ量なので，ちょっと気になることを調べる程度にはいいのですが

---

[7] 正規表現について知りたい人は,それこそググってみましょう。例えば，「言わないですむ」を検索結果から除外したい場合,「言わないです [^まみむめもん]」と検索します。[ ] は「指定した文字のどれか」，[ ] の中の ^ は「それ以外の文字」を表しています。「すむ」は動詞で，「すまない」「すみます」「すむ」「すめば」「すもう」「すんだ」などと活用するので,「ま」「み」「む」「め」「も」「ん」を除外しています。

[8] 田野村（2009）では，2008 年 10 月の時点での検索対象データ量が Yahoo! で 26 兆字程度と推計されています。田野村（2008）では，Yahoo! と Google のデータ量の比率は 3：1 程度と推計されているため，2008 年 10 月時点で Google の検索対象データ量は 9 兆字程度と思われます。この原稿を書いている 2011 年 5 月の時点では，もっと増加していることでしょう。いずれにしろ，量だけで言えば，どんなコーパスも及ばないデータ量です。

……。

こうした問題を解決するには，コーパスを用いるという方法があります。コーパスとは言語分析のために電子化された言語資料の集積体のことです。現時点における日本語のコーパスで使いやすく，信頼性も高いのは，大学共同利用機関法人人間文化研究機構国立国語研究所と文部科学省科学研究費特定領域研究「日本語コーパス」プロジェクトが共同で開発した『現代日本語書き言葉均衡コーパス』(BCCWJ：balanced corpus of contemporary written japanese) でしょう[9]。BCCWJ は約1億語を収録しています。下記のサイトから，検索デモンストレーションを行うことができます。

KOTONOHA「現代日本語書き言葉均衡コーパス」少納言
http://www.kotonoha.gr.jp/shonagon/

さて，それでは早速，「言いません」と「言わないです」を □□□□ で検索してみましょう。

言いません　　527 件
言わないです　 30 件

圧倒的な差が出ました。ここで注意しなければいけないのは，BCCWJ は幅広いとは言え，日本語のすべてのジャンルを網羅しているわけではないこと，あくまで書きことばだけを対象としていることです[10]。そのことを考慮に入れても，圧倒的な割合で「言いません」が使われているということは，一般的な日本人の規範意識と合致するのではないでしょうか。もちろん，□□□□ では「言いません」と思っていても，実際の言語使用では「言わないです」を無

---

[9] 森 (2011) では，BCCWJ をはじめ，複数の日本語コーパスについて詳細な紹介をしています。
[10] BCCWJ に収録されているのは，「書籍」(1971～2005)，「雑誌」(2001～2005)，「新聞」(2001～2005)，「白書」(1976～2005)，「教科書」(2005～2007)，「広報紙」(2008)，「Yahoo! 知恵袋」(2005)，「Yahoo! ブログ」(2008)，「韻文」(1980～2005)，「法律」(1976～2005)，「国会会議録」(1976～2005) です（括弧内は収録対象の西暦）。

意識のうちに使っているということもよくあるわけですが。

ともあれ，BCCWJのようなコーパスが，サーチエンジンと違うのは，「いつ検索しても同じ結果になる」というごくごく当たり前のことが保証されているという点です。これなら安心できますね。

〔問2〕　さまざまな「ゆれ」のある表現をBCCWJの検索デモンストレーションで検索し，「現代日本において多くの人が使っている日本語」について考えてみましょう（前文脈，後文脈の検索には正規表現も使えますよ）。

8.5　他の資料から裏付けを得る

本節では，BCCWJによる結果が妥当なのかどうかについて，他のやり方で確かめる方法を考えてみましょう。

一般的な方法はアンケートを採ることです。アンケートはできる限り大人数に，しかも性別や世代といった属性が偏らないように採ることが大切ですが，そうはいっても一個人で大規模かつ広範囲に 　　　　　 を採ることはなかなか難しいものです。

そうなると，「少数かつ限定した範囲であることを認識した上で，割り切ってアンケートを採る」か「公的機関などが調査した結果を引用する」か，どちらかということになります。前者は卒業論文やレポートで実際にやることになる人も多いと思いますが，ここでは後者の方法で確かめてみたいと思います。

文化庁文化部国語課（1999）では，平成11年1月8日から1月22日にかけて，全国の16歳以上の男女3,000人に対して個別面接調査を行い，2,200人の有効回答を得たデータが公開されています。「〜ません」と「〜ないです」のどちらをよく使うかについて，下記の四つの設問がありました。

(3)　一緒に {行きませんか／行かないですか}。
(4)　今日は特に予定が {ありません／ないです}。
(5)　{見掛けませんでしたか／見掛けなかったですか}。
(6)　（この本，）難しいんじゃ {ありませんか／ないですか}。

調査の結果，(3)〜(5) では「ません」派が多く，(6) のみ「ないです」派が

優勢でした。2,200人のうち「ないです」を選んだのは，（3）で6.0％，（4）で21.6％，（5）で22.0％，「どちらの言い方も同じくらいする」を選んだのは，（3）で4.8％，（4）で8.6％，（5）で10.8％でした。「ません」が優勢ですが，「ないです」も意外と使っている解答が多いようです。

　それに対し，（6）では，70.6％が「ないです」を選びました。このことから，「現代日本において多くの人が使っている日本語」としては，□詞の場合は「ません」が優勢であり，「ないですか」は「～じゃないですか」のように，特定のイディオムの場合にしか優勢にならないことがわかります。この結果から，BCCWJによる結果は概ね妥当であると言えるでしょう。

〔問3〕　サーチエンジンやコーパスで調べた日本語の「ゆれ」について，アンケートや資料検索など，別の方法で確かめてみましょう。

8.6　コーパスがあればググるのは無駄？

　検索対象データが決まっているBCCWJのようなコーパスの場合，いつ検索しても同じ結果になる，すなわち□□□□□□□があるので，研究をする人にとっては安心です。ただ，一般の人の場合は，そこまで求めないということもあるかもしれません。約1億語というのは，多いように思うかもしれませんが，マイナーな表現を検索する場合，物足りないところもあります。

　例えば，「一分の隙もない」と「一部の隙もない」をBCCWJで検索してみると，以下のような結果になりました。

　　一分の隙もない　12件
　　一部の隙もない　 2件

　非常にヒット数が少ないことがわかります。しかも，きちんと校正がされているはずの書籍にも「一部の隙もない」が出現しているので，どちらが「現代日本において多くの人が使っている日本語」なのかわかりません。
　これに対して，Googleのフレーズ検索の結果を見てみましょう。

一分の隙もない　　約 618,000 件
一部の隙もない　　約 251,000 件

　BCCWJ の約 1 億語に対して，約 10 兆語をも超えると推計されるインターネットのサーチエンジンを，「現代日本において多くの人が使っている日本語」を判断するための参考材料として使うのは無駄ではありません。
　また，「汚名 ▢▢▢」や「的を得る」のような有名な間違いの場合は，Google で検索すると，「汚名 ▢▢▢ は誤りです」といった，間違いであることを指摘する文脈において大量にヒットしますが，「一部の隙もない」の場合は，そういった誤りを指摘する文脈でのヒットはそれほど多くありません[11]。規範的に正しいとされているのは「一分の隙もない」ですが，「現代日本において多くの人が使っている日本語」は何かを考えた場合，「一部の隙もない」も相当に市民権を得ていることがわかります。
　例えば，先に挙げた「的を得る」にしても，「的は得るものではなく，射るものだ」と物知り顔で語られますが，現代日本では弓道部かアーチェリー部でもなければ，「的を射る」ことは日常ありません。むしろ，「的」を「目標」のメタファー（比喩）であると考えるならば，「目標ゲット～♪」というような感覚から「的を得る」が市民権を得ても不思議ではありません。これらをあくまで間違いと捉えるか，言語変化の過程と考えるかは見方次第でしょう。

8.7　外国語をググってネイティブの言語感覚を確かめる

　以上では，サーチエンジンやコーパスを用いて，「現代日本において多くの人が使っている日本語」を調べる方法について学んできました。つまり，サーチエンジンやコーパスを，日本語母語話者の意識の集大成と捉えることで，日本語の実態を知る手がかりとしてこれらを利用できる可能性があるというわけです。
　さて，それでは上記の「日本語」の部分を「英語」に変えてみると，「サー

---

[11]　しかし，Google は非常に親切なので，「一部の隙もない」を検索すると，検索結果の最上部に「もしかして："一分の隙もない"」と間違いを指摘してくれます。人間よりも，よっぽど「現代日本において大多数の人が正しいと思っている日本語」を知っています。

チエンジンやコーパスを，英語母語話者の▢の集大成と捉えることで，英語の実態を知る手がかりとしてこれらを利用できる可能性」があると言えます。英語に限らず外国語全般に言えるのですが，ここでは英語を例に考えてみましょう。

このテキストの読者のほとんどは日本語母語話者でしょうから，英語は外国語となります。したがって，どんなに英語に習熟したとしても，厳密な意味での英語の言語感覚や言語直観は手に入れることができません。しかしながら，サーチエンジンやコーパスを用いれば，英語母語話者の意識の一端を知ることができる可能性があります。ここでは滝沢（2006）から一つ例を引いて説明します[12]。

滝沢が冒頭で挙げているのは，「「クラシック」音楽は classic それとも classical?」という問題で，この問題に対して滝沢は，The British National Corpus を調べ，classic music が1例，classical music が140例という結果を出しています。さて，ググるとどうなるでしょうか？ 英語のページに限定して，フレーズ検索してみます。

    classic music　　約 2,100,000 件
    classical music　約 50,000,000 件

先にも示したように，Google の検索結果数が当てになるとは必ずしも言えないのですが，それでもかなりの差が出ました。言語直観のない英語非母語話者にとって，ググってちょっと調べてみるというのは非常に有益です。

ところで，上記について「クラシック音楽というのは，和製英語なので，英語なら形容詞の classical に決まっているじゃないか」と思った人がいるかもしれません。本当にそんな素直に法則通り，英語は使われているのでしょうか？

滝沢（2006）で，上の問題に続いて挙げられているのは「「歴史的な」勝利は historic それとも historical？」という問題です。そしてやはり前述の The British National Corpus を調べて，historic victory が14例，historical victory が0例という結果を出しています。あっさりと▢▢▢▢の方が負けてし

---

[12] 詳しくは滝沢（2006）や安藤（2003；2007）を参照してください。

まいました。先ほどと同様に英語のページに限定して，フレーズ検索でググってみます。

  historic victory   約 1,660,000 件
  historical victory   約   73,200 件

こちらも信用しすぎてはいけませんが，明らかな差が出ました。やはりちょっと調べてみるという意味では，日本語よりも外国語で使い勝手がよさそうですね。過信せずに，うまく活用してみてください。

〔問4〕 英語の素朴な疑問を探し，ググって報告してみましょう。

8.8 この課のまとめ

　Googleなどインターネット検索サービス（サーチエンジン）は，「知らないこと」を調べる方法として，今や辞書以上に身近で便利な存在です。しかし，この課で学んだように，サーチエンジンから得られる情報は玉石混淆であるため，辞書の代わりとして用いることには批判も少なくありません。

　サーチエンジンでは，非常にばらつきのある多様な情報が得られます。だからこそ，それを逆手にとって，日本語母語話者の ☐ の集大成と捉えることで，日本語の ☐ と傾向について知る手がかりとすることができます。ただし，サーチエンジンから得られる結果は不安定なので，コーパスも併用すべきでしょう。

《問　題》

【基礎】　日本語の「ゆれ」について気になるペアを探し，サーチエンジンとコーパスで調べた結果について報告してください。さらに自力でアンケートを実施するか，過去のアンケート結果を探し出すかして，サーチエンジンとコーパスで得た結果と照らし合わせてみましょう。

【発展】　日本語もしくは外国語を対象として，母語話者と非母語話者で規範意識に大きくズレがある言語現象を探し，サーチエンジンやコーパス，アンケー

トや実験を駆使して，ズレの原因（例えば習得過程の影響など）について考えてください。

《興味を持った人の参考になりそうな文献》

安藤　進（2003）『翻訳に役立つ Google 活用テクニック』丸善

安藤　進（2007）『ちょっと検索！　翻訳に役立つ Google 表現検索テクニック』丸善

荻野綱男・田野村忠温（編）（2011）『講座 IT と日本語研究　第 6 巻　コーパスとしての WEB』明治書院

滝沢直宏（2006）『コーパスで一目瞭然』小学館

田野村忠温（2008）「日本語研究の観点からのサーチエンジンの比較評価― Yahoo! と Google の比較を中心に」『計量国語学』26(5)，147-157

田野村忠温（2009）「日本語研究の観点からのサーチエンジンの評価（続）―検索ヒット件数の時間変動のその後と Web 文書量の推計の修正」『計量国語学』26(8)，290-294

福島悦子・上原　聡（2004）「「言いません」としか僕は言わないです」南　雅彦・浅野真紀子（編）『言語学と日本語教育』269-286，くろしお出版

文化庁文化部国語課（1999）『平成 10 年度　国語に関する世論調査（平成 11 年 1 月調査―敬語・漢字・外来語―）』大蔵省印刷局

森　篤嗣（2011）「コーパスデータの入手」荻野綱男・田野村忠温（編）『講座 IT と日本語研究　第 5 巻　コーパスの作成と活用』明治書院

第9課 「レポート提出しました＼(^o^)／」のすれ違い：顔文字の謎

この課のねらい

この課では，メールにおける顔文字の使用について，善し悪しではなく，「なぜ」という視点から分析し，その意味を学びます。

キーワード：顔文字，ケータイメール，エモティコン，副言語（パラ言語），非言語

9.1 メールの常識

大学で教えていると，学生との意識の違いを感じる出来事は少なくありません。その中でも，メールの書き方に関する意識については，大きなギャップがあるようです。

例えば，レポートを研究室の前にある提出用の箱に入れておくよう指示すると，学生から次の (1) のようなメールが来る，といった具合です。

(1) レポート提出しました＼(^o^)／　よろしくお願いします m(_ _)m

〔問1〕　このメールに対して，あなたの感想は a，b どちらに近いですか？
　　a. え，何かいけないの？
　　b. 先生に報告のメール書くときに顔文字は使わないんじゃないの？

このような経験から見えてくるのは，「メールの顔文字使用には，人によって（世代によって？）感覚の違いがある」ということです。

考えてみれば，これは当然のことかもしれません。というのは，顔文字がメールに出てくるものである以上，顔文字の容認度はメールの使用歴や使用頻度に影響されると思われるからです。例えば，「平成20年度国語に関する世論調査」によると，顔文字や絵文字をケータイメールで「多く用いている」と答えた人の割合は，10代男女でそれぞれ60％・61.1％であるのに対し，30代男女ではそれぞれ17.7％・42.9％，さらに50代男女では2.5％・23.2％と，年代が

上がるにつれてどんどん下がってきます（文化庁文化部国語課 2009）。

メールを送ってきた学生に，上のbのようなことを言ってみると，「ケータイメールの場合は顔文字や絵文字を使うのが普通だから，顔文字がない方が冷たい感じがして気になります」と言われました。「ええっ？　今まで冷たい人だと思われてたの？？」という感じです。

9.2　すれ違う顔文字

ある人が使っている顔文字に，他の人が眉をひそめるということは，決して特別な出来事ではなく，日常生活の中でよく起こっていると言ってよいでしょう。

例えば，新聞の投書欄に掲載されていた次の(3)では，テスト用紙に書かれた指示に顔文字があったことに対して，保護者が否定的な意見を述べています。

(3)　顔文字ゆるすぎる　　滋賀県　パート (39)

　　　長女は中1です。期末テストのある教科の問題用紙の最後に「(^▽^)クラス，番号，名前は書きましたか？見直しはしましたか？」という絵文字入りの一文がありました。

　　　テストに顔文字が必要か，とても疑問です。(略)

　　　そして，この一文は本当に生徒のためになっているのでしょうか。ゆるすぎると思います。生徒の受けを狙っているかのようで，テストへの厳しさが感じられません。

[「聞いて聞かせて」朝日新聞大阪本社版，2011年3月27日]

この意見を読んで，みなさんはどう感じたでしょうか？

「問題文じゃないんだから，それくらいはいいじゃないの」と思った人もいると思います。なるほど，(3)の顔文字は，テストを解き終わってほっとしたところで読むことを考えて，あるいは，できるだけ注目を集めて無記名の答案用紙が減るように，ちょっと「ゆるく」書いてみただけのものかもしれません。しかしその一方で，テストは真剣勝負だ，という考え方からすれば，そのような配慮はまったく不要なわけです。

顔文字を安易に使うと誤解やトラブルの原因になるという指摘がかなり前からあるように（例えば野島 1993），顔文字をめぐる問題は最近始まったもの

ではありません。ただし，その問題の多くは，書き手の一方的なマナー違反というよりも，書き手と読み手の意識のズレが引き起こす「すれ違い」です。物事に表と裏があるように，顔文字がかもし出す「ゆるさ」も，プラスに働く場合だけでなく，逆にマイナスに働く場合があります。その場合，書き手はよかれと思って顔文字を使っているのに，それが読み手に伝わらず，読み手にマイナスの印象を与えてしまう，ということです。

それにしても，顔文字をよく使う人にとって，顔文字は，使わないと不安になるくらい大きな役割を果たしているようです。では，顔文字はメールの中でいったい何を伝えるのでしょうか？　また，伝えたかったことが伝わらないという問題は，どこから生まれてくるものなのでしょうか？

9.3　「エモティコン」としての顔文字

まず，顔文字がメールの中でどのような役割を果たしているのかを考えてみます。これは，同じ文で顔文字がある場合とない場合を比べてみると，わかりやすいかもしれません。

〔問2〕　次の例文を声に出してしゃべってみましょう。顔文字がある場合とない場合で発音に何らかの違いがあるでしょうか？
 (4) a. わかりました。
　　 b. わかりました（・∀・)ゝ
　　 c. わかりました（´・ω・`)
 (5) a. バカ！
　　 b. バカ！（#`Д´)
　　 c. バカ！（´∀`*)

(4)の伝達内容は「わかりました」ですから，いずれの文も基本的に何かの指示に対して了解したことを表しています。加えて，顔文字が敬礼のポーズをしている(4)bでは元気のよさやノリのよさが，しょぼんとしている(4)cでは「指示に何か納得いかず，仕方なく了解している」といった書き手の態度が読み取れるのではないでしょうか。

(5)の伝達内容「バカ！」は，基本的に相手をののしる言葉です。顔文字が付いている(5)bでは非常に怒っているというポーズが（顔文字が付いているのでまだ挽回できそうですが），(5)cになると，恋人同士が恥ずかしさをごまかすために思わず言ってしまった，といういちゃいちゃ感が出てきます。

英語圏で使われている「:-)」のような顔文字（スマイリー）を集めたサンダーソン・ドゥラティ（1993）は，このような顔文字は感情（emotion）を表すアイコン（icon）という意味で「エモティコン（emoticon）」とも呼ばれる，と紹介しています。つまり，顔文字は基本的に，書き手の感情や態度を表すために使われている，ということが言えそうです。

では，顔文字で表される具体的な感情や態度には，どのようなものがあるのでしょうか。次の例から考えてみましょう。

(6) a. 受かりました（^o^)v
　　b. なんだと (-_-メ)
　　c. 僕じゃないって (;_;)
　　d. そこをなんとか m(_ _)m
　　e. この本けっこう難しい (^_^;;;
　　f. まあ落ち着いて (^-^)o旦
　　g. 覚えておかなきゃ φ(..)

「感情」と言えば(6)a〜cのようないわゆる喜怒哀楽をイメージしますが，それ以外にも頭を下げて謝罪や依頼をする（(6)d），苦笑や恐縮（(6)e），お茶を出す（(6)f），メモをとる（(6)g）といった態度や行為の表現が，顔文字で可能になっています。

もうお気付きの通り，この中には，書き手の「感情」を表すとは言えないものが混ざっています。中村（2005：75）は，顔文字や絵文字，記号の機能として，次の五点を挙げています。

(7) a. 感情を豊かに表現する
　　b. 文章を軽く，明るいものにする
　　c. 相手の気持ちを和ませ，無用な衝突を避ける
　　d. 文の区切りとする
　　e. 単なる修飾

このうち，顔文字の積極的な機能として考えることができそうなのは，(7)a

〜cです。(7)aについてはここまで見てきた通りですが，なごみの効果を狙ったりコミカルな感じを出したりする (6)fや (6)gは，上の(7)b〜cの働きを持っていると言えます。

9.4 「おしゃべり」するケータイメール

ここで少し脇道にそれて考えてみたいのは，ケータイメールで顔文字が積極的に使われるのはなぜか，言い換えれば，ケータイメールの何が，書き手に感情を豊かに表現させ，文章を明るくさせ，相手に対する配慮をさせるのか，ということです。

例えば，同じ書きことばでも，小説の会話文（セリフ）に顔文字がくっついていることはありませんし，手書きで顔文字を使うことも基本的にありません（親しい友達への手紙やメモに使う，という人も，メールの場合ほど頻繁ではないでしょう）。

そこで，ケータイメールという媒体がどのような特徴を持っているのかについて，具体的に考えてみましょう。

まず，同じ書きことばの媒体である手紙と比べると，ケータイメールではやりとりの頻度が非常に高いという点が挙げられます。直接会って話すときほどの反応の速さはありませんが，お互いにケータイを手にしていれば，会話に近いスピードで書きことばのやりとりが進んでいきます。ケータイメールの中で使われている表現に関しても，話しことばと共通する特徴が見られることが報告されています（太田 2001；佐竹 2005）。

また，ケータイメールの本文には手紙のような型の決まりごとがなく，短いメッセージがやりとりされます。メールで送る内容も，田中（2001）の調査では「その場の出来事や気持ちの伝達」が最も多く，続いて「事務連絡」「とくに要件のないおしゃべり」となっています。ここから，ケータイメールは，思ったことや感じたことを即文字化してやりとりするのに有効活用されていることがわかります。

親しい相手に送るケータイメールの場合，お礼状のように時間をかけて丁寧に書いたり，ビジネスメールのように内容を簡潔かつ正確に伝えようとしたり，といった努力は必ずしも必要ありません。しかし，相手への配慮意識はしっか

りと存在し，それが顔文字に託されている（(7)c）と考えることができます。

ケータイメールという媒体では，おしゃべりと違って顔が見えないからこそ，なるべく明るく，でも同時にできるだけ真意が伝わるように相手の反応を気にしながら，という，ノリと気配りを両立させたやりとりが行われているわけです。

9.5　顔文字が補っているもの

さて，ケータイメールの特徴と顔文字の機能をおおまかにつかんだところで，まとめを兼ねて，私たちがコミュニケーションを行う際，どのような手段で相互にメッセージを伝え合うことができるかについて，少し専門的な用語を使いながら考えてみます。

「コミュニケーション」と言えば，ことば（言語）を使ってするものだという意識があるかもしれませんが，実際のコミュニケーション場面では，それ以上の情報がやりとりされています。例えば，杉戸（2003）は，対人コミュニケーションの表現手段として，「言語」「副言語」「非言語」の三種類を挙げています。

まず，「言語」は言うまでもなく，私たちが使っている，話しことば（音声言語）と書きことば（文字言語）のことです。

先ほど確認したように，ケータイメールという媒体によって伝えられるのは書きことばです。ただし，そこで使われる表現ややりとりの即時性は話しことばに近い性格を持っています。

次に「副言語」（「パラ言語」とも言われます）は，簡単に言えば，「話しことばや書きことばに必ず付いてくる，内容以外の要素」です[1]。

例えば，話しことばの場合，伝える内容に合わせて，話す速さや間の取り方，声の大きさ・高さ，あるいは声の調子といった要素をコントロールできます。聞き手は，これらの音声的情報を手がかりにして，話し手の意図や感情を読み取っているわけです。

---

[1]　「副言語・パラ言語（paralanguage）」という用語は，発し手の意図が前提とされることが多いですが（例えば Laver and Trudgill 1979），意図的か非意図的かを問わずに使われることもあるため（例えば Poyatos 1993），ここでは意図の有無は問題にしないことにします。

書きことばの場合は，文字の大きさや書き方を変えることで，あるいは（下手でも）丁寧に文字を書くことで，相手に伝わるものがあります．手書きか（その場合鉛筆書きかペン書きか），パソコンで作ってプリントアウトするか，といった道具の選択によっても受け取り手の印象が変わります．

最後に，「非言語」は，言語以外の表現手段のことで，典型的には身体動作を挙げることができます．

例えば，話し手の視線（相手と合わせるか合わせないか）や顔の表情，体の動きなどがコミュニケーション上重要な役割を果たすことは，みなさんも経験したことがあると思います（他にも，相手とどのような距離・位置関係を取るかなど，杉戸（2003）には多くの要素が挙げられています）．

ちなみに言語的な側面と非言語的な側面は，口で説明しながら身振り手振りを付けたり，謝りながら頭を下げたり，といった具合に，両者が連動する形で伝えられることも少なくありません．私たちは，言語・副言語・非言語のすべての情報をひっくるめて，お互いに相手の伝えたいことを判断していることになります[2]．

さて，前置きが長くなりましたが，ではこれら三種類の情報は，具体的な場面でどのように伝えられているのでしょうか．例として，相手に伝えたいことがあって「直接顔を合わせて話した（対面の）場合」「電話をした場合」「メールを送った場合」で考えてみましょう．

まず対面の場合，言うまでもなく，聞き手は話し手を見ながら話を聞くことで，言語的な情報もそれ以外の情報も受け取ることができます．

これが電話になると，「ちょっと早口でいらいらしている声」「恐縮している声」のような副言語的情報は伝わりますが，相手と物理的な距離で隔てられているため，今相手はどんな表情で，どんな動きをしながら話しているのかはわかりません[3]．

さらにメールになると，書きことばですので，非言語情報がないだけでなく，音声的な副言語情報もすべてなくなります．もちろん，場合によっては，メー

---

[2] このとき，言語的側面と非言語的側面にギャップがあると，「先生は「気にしてない」って言ってたけど，目が笑ってなかったよね」などと言われてしまうわけです．

[3] 電話口でペコペコしながら謝っている人の姿が笑いを誘うのは，相手に伝わらない動作をしているからです．

表9.1　コミュニケーションの場面と言語・副言語・非言語

	言語	副言語	非言語
対面	○	○	○
電話	○	○	×
メール	○	△	×

ルソフトやケータイの機能を使って，文字の大きさや色を変えたり，装飾を付けた「デコメ」を作ったりして，単純な文字列以上の情報を伝えることはできますが，声ほどに相手の感情を読み取ることは容易ではありません。

　比較しやすいように，以上の内容をまとめると，表9.1のようになります。

　こうして見ると，書きことばとしてのメールは，その性質として，話しことばでは（知らず知らずのうちに）伝わっていた副言語・非言語情報の多くを伝えることができない，という制約を持っていることがわかります。メールの文章では自分の気持ちがうまく伝わらなかったり，深読みされたりするのは，相手の態度や今の状況を読み取ることができるこれらの情報が不足しているからだと言えます。

　そこで，いよいよ顔文字の出番がやって来ます。顔文字の役割は，これらの情報の欠落を埋めることです。

　すなわち，私たちが顔文字を文末に付けるのは，本来は書きことばでは伝えられない音声や表情といった副言語・非言語情報の部分をできるだけ補って，文字列に込められたニュアンスやその背後にある状況を相手にできるだけわかりやすく示したいからだ，と考えることができます。このときの顔文字の働きが，「感情を表す」「文面をやわらげる」「明るく楽しくする」といったものなのです。

　逆に読み手は，添えられた顔文字を手がかりにして，書き手の声や表情，今の状況といったイメージを膨らませながら文面を解釈することができます。相手が目の前におらず，音声もない，という不自由なコミュニケーションの状況で不自由さを感じないとしたら，それは多くの情報を顔文字がうまく補ってくれているからだと言えるでしょう。

9.6 この課のまとめ

ここで最初のすれ違いの問題に戻りましょう。

顔文字が入ったメッセージのやりとりに慣れていて，顔文字を使うのが当たり前になっている人にとっては，顔文字のない文は，「あえて顔文字を付けずマルで終わるという選択をした文」と受け止められるのかもしれません。特に，個人的なメッセージのやりとりをする場合，やわらぎや感情を表す働きを持つ要素をあえて付けないわけですから，そこから相手の意図や態度（例えば，「冷たい」「怒っている」「事務的」）が読み取られることになります。

これを深読みととるか，もっともなものととるかは，ケータイメールを使ったコミュニケーションへの慣れの度合いによるでしょう。みなさんの世代は早くからケータイを持ち，ケータイメールを使うのが得意かもしれませんが，ビジネスメールや公的な通知のメールなどの書式には慣れていないと思います。逆に「大人」たちは，そういった仕事のメールは毎日書いていますが，ケータイメールの，おしゃべりのような，気分や雰囲気を伝えることを重視したコミュニケーションには慣れていない可能性があります。

このような経験値のギャップを乗り越えるためには，常に自分のスタイルだけで勝負しようとするのではなく，お互いのスタイルをおおまかにでも理解し，気分よくやりとりする方法を探っていくことが重要です。

皆さんのコミュニケーションには，家族や同級生，サークルの先輩といった高校生までの人間関係に近い相手だけでなく，卒論指導の先生，授業を取っているだけの先生，アルバイト先の店長，家庭教師先の子ども，さらには就職活動先の人事担当者，取り引き先の担当者，結婚相手の両親……と，人生のステージが進んでいくにつれて，どんどん新しい相手が登場してきます。そういった人たちにいつも「受け取ってうれしい」「頼もしい」と言われるメールを送れるといいですね。

《問題》

【基礎】　メールの文末に使われる記号には，この課で取り上げた顔文字以外にも，携帯各社独自の絵文字や「(笑)」「(爆)」などのカッコ文字，「☆」や「♪」

などの記号類があります。

みなさんの感覚では，これらの間にニュアンスの違いはあるでしょうか？次の例を参考に，考えてみてください。

(1) a. サイフ落とした（T_T）
　　b. サイフ落とした（涙）
(2) a. と思ったら実はカバンの中にあった（^o^）
　　b. と思ったら実はカバンの中にあった（笑）
　　c. と思ったら実はカバンの中にあったｗ
　　d. と思ったら実はカバンの中にあった☺

【発展】 上の問題では感覚的に捉えたニュアンスの違いを，研究として実証する（実際のデータに基づいて証明する）ためには，どのような調査を行えばいいでしょうか。

例えば，顔文字とカッコ文字，記号類の働きを比較して違いがあるかどうかを確かめるためには，どのような例文や状況を設定すればいいでしょうか。

《興味を持った人の参考になりそうな文献》

井上史雄・荻野綱男・秋月高太郎（2007）『デジタル社会の日本語作法』岩波書店

太田一郎（2001）「パソコン・メールとケータイ・メール―「メールの型」からの分析―」『日本語学』20(10), 44-53

佐竹秀雄（2005）「メール文体とそれを支えるもの」橋元良明（編）『講座社会言語科学2　メディア』56-68, ひつじ書房

杉戸清樹（2003）「第Ⅱ章　表現行動の基盤」中村　明・半澤幹一・杉戸清樹（編）『テキスト日本語表現―現代を生きる表現行動のために―』23-44, 明治書院

田中ゆかり（2001）「大学生の携帯メイル・コミュニケーション」『日本語学』20(10), 32-43

中村　功（2005）「携帯メールのコミュニケーション内容と若者の孤独恐怖」橋元良明（編）『講座社会言語科学2　メディア』70-84, ひつじ書房

野島久雄（1993）「絵文字の心理的効果」『現代のエスプリ』306, 136-142

原田登美（2004）「「顔文字」による日本語の円滑なコミュニケーション―「配慮」と「ポライトネス」の表現機能―」『言語と文化』8, 205-224

文化庁文化部国語課（2009）『平成20年度国語に関する世論調査　情報化時代の言語生活』ぎょうせい

三宅和子（2005）「携帯メールの話しことばと書きことば―電子メディア時代のヴィジュアル・コミュニケーション―」三宅和子・岡本能里子・佐藤　彰（編）『メディアとことば2』234-261，ひつじ書房

Laver, John and Trudgill, Peter (1979) "Phonetic and linguistic markers in speech", Scherer, Klaus R. and Giles, Howard (eds.), *Social Markers in Speech*, 1-32, Cambridge University Press

Poyatos, Fernando (1993) *Paralanguage: A Linguistic and Interdisciplinary Approach to Interactive Speech and Sounds*, John Benjamins

Sanderson, David W. and Dougherty, Dale (eds.) (1993) *Smileys*, O'Reilly & Associates, Inc.［サンダーソン，デイビッド・ドゥラティ，デール（編著），オライリー・ジャパン（訳）(1998)『SMILEYS』オライリー・ジャパン／オーム社］

第10課　挨拶のマナー

この課のねらい

　みなさんが社会人になるとわかる—いえ，就職活動を始めるだけでたちまちわかることは，挨拶はとても大事だということです。社会人として人にきちんと挨拶ができるかどうかは，皆さんの人生を左右すると言っても大げさではありません。そのことに気付いていながら，その一方で「挨拶なんて，やらなくても，ちょっと怒られるだけだろう」といった子どもの頃の認識がなかなか抜けず，結局いろいろな局面で損をしてしまうということにならないよう，気を付けてもらいたいものです。子どもの頃の甘えた認識を皆さんが少しでも改められるように，ここでは，私たちの日常の挨拶というものが，それなりの立派な深みを持ったコミュニケーション行動だということを見てみましょう。

　　キーワード：発言権，会話の順番取りシステム，あからさま，共在，交感的言語使用

10.1　挨拶の同時性

〔問1〕　友達に「おはよう」とメールしたら，次のような返事が来たとします。
　　a.「おはよう」
　　b.「うん，おはよう」
　　あなたはこの返事をどう思いますか？
　　（ア）　aはbよりえらそう。
　　（イ）　bはaよりえらそう。
　　（ウ）　特に差はない。

〔問2〕　朝，会社の前で上司に「おはよう」と言われた部下が，上司に挨拶を返しました。
　　a.「おはようございます」
　　b.「はい，おはようございます」

あなたはこの返答をどう思いますか？
(ア)　aはbよりえらそう。
(イ)　bはaよりえらそう。
(ウ)　特に差はない。

　私たちは，「他人がしゃべっているときはそれを聞くべきで，しゃべってはいけない。発言権を持っているのはいつも一人だけである。発言の重なりは避けよ」という会話の規則を，子どものころから教えられてきました。この規則を要所要所で守ることは，他の人たちとうまくやっていく上でとても重要です。

　もっとも，この規則はどんな社会でも同じように守られているというわけではありません。例えば人類学者の木村大治氏によれば，ア□リカのカメルーンにいるバカ・ピグミー（Baka Pygmies）の会話には，日本人の感覚では驚くほどの長い沈黙があるかと思うと，みなが口々にしゃべりだす発言の激しい重なり合いもあるそうです[1]。

　実は日本でも，「発言の重なりは避けるべし」という規則が守られなくてもいい，というか，むしろ守られない方がふつうという場面があります。

　例えば，一人が□□を行い，もう一人がそれを打ち消す，次の(1)のような場面です。

(1)　A：先日は本当に失礼いたしまして，あの申し訳ありませんでした。スシュー。
　　　B：　　　　いーえとんでもないこちらこそ失礼いたしました。シー。

Aさんが「先日は本当に失礼いたし」と言ったところぐらいでBさんが「いーえとんでもない」とかぶせてきて，それぞれ自身の発言をそのまま最後まで言いながらお辞儀をし，「スシュー」「シー」なんて空気をすすり合う，といった光景は大人社会では珍しいものではありません。むしろ，Aさんが「申し訳ありませんでした。スシュー」と言い終わるまでBさんがじっと黙って聞いていて，Aさんの詫び発言をすっかり「完成」させてしまってから「いーえとんでも……シー」と打ち消す方が，不自然かもしれません。

---

[1] 詳細は木村（2003）を参照してください。ちなみに「バカ（Baka）」というのは彼らの自称で，日本語の「馬鹿」とはもちろん無関係です。

一人が□や□や□の発言を行い，もう一人がそれを打ち消す場面も同様です。例えば「私なんか年だし運動神経も鈍いからとてもできませんけどねー」「Bさんはいつもキチッとされてて別格だってこないだもみんなで言ってたんですよ」「先日は結構なところにお招きいただきまして本当にありがとうございました」といった相手の発言を打ち消すには，発言の最後まで待たず，途中から「いーえとんでもない」とかぶせる方が自然でしょう。

　発言の重なりが避けられない，それどころか積極的に目論まれさえするもう一つの場面が，挨拶の場面です。（すぐ上で取り上げたお礼発話「先日は結構なところに…」とそれを打ち消す発話「いーえとんでもない」も，挨拶の発話と言えなくもないものですが，以下では「おはよう」のような，純然たる挨拶に限って話を進めます。）

　礼儀正しい会話でも挨拶なら発言の重なりが許されるのは，そもそも挨拶が（少なくとも同列の者どうしでは）「同時に取り交わされるもの」だからです。ここで重要なのは，「同時」というのがあくまで「みなされるもの」だ，ということです。実際にはAさんの挨拶が最後まで終わり，それを受けてからBさんが挨拶し返すという時間差があっても「二人の挨拶は同時に行われた」とみなされるので，必ずしも失礼とは感じられません[2]。

　この課の冒頭で示した二つの問いの結果（（ア）よりも（イ）が多い）からわかるように，「うん」「はい」はそれに続く挨拶の発言（「おはよう（ございます）」）を偉そうなものにしてしまう，というのが多くの人の感じ方です。これは，「うん」「はい」と言って相手の挨拶を「あからさまに」受けることによって，同時性のみなしができなくなり，「まずAさんが挨拶し，それを受けてBさんが挨拶した」という順序があらわになってしまうからです。順序があらわになれば，後に挨拶する人の方がえらい人，ということになります。

　大事なのは，「相手の挨拶を受けること」と，「うん」「はい」と言って「相手の挨拶をあからさまに受けること」は，別物だということです。

---

[2] もちろん，「Aさんの挨拶が終わってからBさんが挨拶を始めるまでに長い間がある」「Bさんは決して自分から挨拶しようとしない。その結果，先に挨拶するのはいつも決まってAさんである」といった事情があれば別です。

10.2 挨拶の即時性

〔問3〕 朝，ある生徒が学校の長い廊下を歩いていたら，廊下のずっと向こうに先生が現れ，こちらに歩いてきたので，その生徒は次のように先生に挨拶しました。
　a.「先生ー，おはようございまーす！」と大きな声で言う。
　b. 先生の近くまで行ってから「あ，おはようございます」と言う。
あなたはこの挨拶をどう思いますか？
（ア）　aはbより子供っぽい。
（イ）　bはaより子供っぽい。
（ウ）　特に差はない。

　大きな声を出すという点で，多くの人の意見が☐に集中したのではないでしょうか。が，それに劣らず重要なのは，aの挨拶にしろbの挨拶にしろ，同じ一つの規則が守られている，ということです。

　その規則とは「挨拶は，相手に気付いたら即刻，すぐに行うべし」というものです。aはそれがストレートに出ていますが，bは「相手（先生）に気付いた時点」を調節することで，この規則（仮に「即時性の規則」と呼んでおきます）を守っています。

　もちろん，生徒が先生に気付いたのは，先生が廊下のずっと向こうにいる時点であって（そしてそのことは先生も気付いているかもしれません），調節などできません。が，bの場合，先生に「あからさま」に気付いた時点は，「あ，おはようございます」の「あ」の時点です。つまり実際に先生に気付いた時点よりも遅らせることができます。

　「挨拶は，相手に気付いたらすぐに」という即時性の規則は，より厳密に言うと，「相手に ☐☐☐☐ に気付いたらすぐに」と言うべきものです。大事なのは「☐☐☐☐ に気付く」時点なのです。「相手に ☐☐☐☐ に気付く」ことは，aのように「相手に気付く」ことと同一になる場合もありますが，bのように，「相手に気付く」時点よりも後にずらされることもあります。

10.3　挨拶を包む一連の行動パターン

〔問4〕　Aさんは向かいのホームにいる知り合いのBさんに気付き，二人は互いに黙礼しました。その後の展開は次の通りです。
　a．すぐに電車が来てそのまま別れた。
　b．電車はなかなか来ない。
あなたはこの展開をどう思いますか？
（ア）　aはbより気まずい。
（イ）　bはaより気まずい。
（ウ）　特に差はない。

　ここで注意が必要なのは，人と人の関係は，ただ挨拶しさえすればそれで保たれるというものではなく，挨拶の後の展開によって，スムーズになったり，ぎこちなく気まずくなったりしうる，ということです。
　挨拶の後で，電車がすぐに来る場合と比べて，なかなか来ない場合に気まずくなりやすいのは，挨拶という社会行動が，挨拶単独で成り立っているものではなく，次のような一連の行動パターンの中の一部をなすものだからです。

　　行動パターン1：相手にあからさまに気付く→挨拶する→そのまま別れる
　　行動パターン2：相手にあからさまに気付く→挨拶する→本題に入る

　通りすがりに「おはようございます」と挨拶して，そのまま相手とすれ違うのは行動パターン□です。「おはようございます」と挨拶した後，「昨日のあの件ですけど，～」と続けて，立ち話に入るのは行動パターン□です。挨拶の後は，別れるか，本題に入るかしかないのです。
　鉄道の発達によって出現した「向かい合うプラットホーム」という環境は，私たちがこのような挨拶の行動パターンを踏むことを必ずしも許してくれません。挨拶のあと，「別れる」には電車が必要なので，電車が来るタイミング次第だし，「本題に入る」にはお互いの距離が離れすぎています。気まずさが生じる原因はここにあります。

横断歩道で信号待ちをしていると，向こうにいる知り合いと目があって挨拶したが，なかなか信号が青にならない場合に気まずいというのも同じことです。「信号機付きの横断歩道」という環境は，挨拶の後で「別れる（すれ違う）」ことも「本題に入る」ことも許してくれません。

「長い廊下」という環境も，これらと同じように，私たちにとって危険な環境と言えます。が，もしこれが「短い廊下」であれば，挨拶の後で「別れる（すれ違う）」ことも「本題に入る」ことも自由自在です。

では，「長い廊下」を「短い廊下」にするにはどうすればいいのか？　相手と十分に近付いてから「□□□□に気付け」ば，その時点では二人の距離は縮まっていますから「長い廊下」は「短い廊下」になるでしょう。

相手に気付いた時点では挨拶せず，そのまま廊下を歩き続けて，相手との距離を縮めたところで「あ」と言って相手に「□□□□」に気付き，「おはようございます」と挨拶して，すれ違ったり本題に入ったりするという行動は，以上のような，挨拶を含む行動パターンを考えれば，ごく自然なものとして理解できるでしょう。

10.4　挨拶の内容

〔問5〕　次のAとBは挨拶を交わしたのでしょうか？
(ア)　A：暑くなりましたねー。
　　　B：そうでしょうか。涼しい日がまだ結構多いと思いますけど。
(イ)　A：暑くなりましたねー。
　　　B：夏は暑いのが当たり前です。
(ウ)　A：暑くなりましたねー。
　　　B：はい，そうです。

そもそも（他の発話もそうですが）挨拶の発話は，「挨拶の発話か，別物か」という二者択一で考えるのではなく，「どの程度挨拶の発話らしいか」という程度問題で考える方が現実に即しているのですが，典型的な挨拶の発話は，例えば天候に関する一人の発言内容にもう一人がまともに応じていさえすれば，あるいは，一人の発言内容にもう一人が同意していさえすれば，それで二人は

挨拶を交わしたことになる，というようなものではありません。挨拶は儀礼的で内容のないものと言われることもありますが，必ずしもそうではないということです。

典型的な挨拶とは，「私たちは同じ一つの環境（例えば最近暑くなったという環境）に共在している」ということを言うものです。それも「私は最近暑くなったと考えているがあなたもそう考えているか」と ☐ したり，「その通りである」と ☐ したりするようなものではなく，「最近暑くなった」「本当に。最近暑くなった」などと，ただ言い合うものです。

次の会話を見てみましょう。
(2)　A：このケーキ，おいしいねー。
　　　B：うんおいしい，めっちゃおいしいねー。
　　　A：おいしいねー。
　　　B：おいしい，ホントおいしいわこれ。
　　　A：おいしい。

これは，二人の若い女性が同じケーキを食べて「おいしい」と言い合っているところですが，Aの二度目の発話以降は，二人はもはや改めて「確認」「同意」する必要のないことを言っていることになります[3]。二人は「このケーキはおいしいかどうか」という問題について議論しているのではありません。ちょっと楽しい話をしているだけです。ちょっと楽しく「私たちは（同じお店の同じテーブルで，同じ種類のケーキを食べて）共在しているね」「共在しているね」と言い合っているだけです。典型的な挨拶もこれと同じです。

10.5　挨拶の相手

〔問6〕　次のやりとりは自然でしょうか？
　　　（ア）　Aさんを会館の玄関で迎えて「このたびは誠に申し訳ありません」と詫びた。5分後に休憩室でまたAさんと会ったので「本当に申し訳ありません」と詫びを述べた。

---

[3] このような会話は，外国人の目には「この人たちは同じことを何度言い合うのだろう？」と，奇異に映ることがあるそうです。このような会話がどこでどの程度自然なのかは文化ごとに違っているということです。

（イ）Aさんを会館の玄関で迎えて「あの件はありがとうございます」と謝辞を述べた。5分後に休憩室でまたAさんと会ったので「本当にありがとうございます」と改めて謝辞を述べた。

（ウ）Aさんを会館の玄関で迎えて「おはようございます」と挨拶した。5分後に休憩室でまたAさんと会ったので「おはようございます」と挨拶した。

（エ）会館で，Aさんを含む聴衆に「おはようございます」と挨拶して5分間の短いスピーチをした。その後，休憩室でAさんと会ったので「おはようございます」と挨拶し，「いまの話どうでした？」とたずねた。

発言はいつも個人に対して発せられているわけではなく，一部の発言は「集団」に対して発せられます。ここで言う「集団」は単なる個人の集まりではなく「集団」です。

例えば，八百屋さんが田中という一人のお客に何が安いのかとたずねられて答える場合の「ダイコン安いよ」は，概ね「ダ（低）イ（高）コ（高）ン（低）や（低）す（高）い（低）よ（低）」という音調です。田中，佐藤，鈴木，中村，山田という五人の常客たちに答える場合も同じ音調です。が，「ご通行中のみなさん」という集団に対して発せられる「ダイコン安いよ」は，概ね「ダ（高）イ（高）コ（高）ン（高）や（高）す（高）い（高）よー（高）」という音調になります。

集団に対して挨拶した後，その集団を構成していた ☐ に対してまた挨拶ができるということもまた，集団に対する発言というものが，個人に対する発言とは別物であることを示していると言えるでしょう。

10.6　この課のまとめ

ここではまず，私たちの日常の挨拶というものが，「発言の重なりは避けるべし」という一般的な会話の規則から外れるもので，また，「相手にあからさまに気付く→すぐ挨拶する→そのまま別れるか本題に入る」という一連の行動パターンに埋め込まれたものだということを学びました。その過程でわかった

のは,「相手の挨拶を受けること」と「うん」「はい」と言って「相手の挨拶をあからさまに受けること」は別物だということ,「相手に気付く」ことと,「あ」などと言って「相手にあからさまに気付くこと」は別物で,そこに私たちのさまざまな調整がありうるということです。挨拶がそれなりの深みを持ったコミュニケーション行動だということがわかってもらえたでしょうか。

さらに,典型的な挨拶というものがそれなりの内容を持っており,しかしながら「確認」や「同意」とは違って,「私たちは同じ一つの環境で共在している」ということを言い合う,ちょっと楽しいものだということを学びました。最後に,挨拶の相手としては,個人だけでなく,集団もありうるということを学びました。これは,田中,佐藤,鈴木,中村,山田といった個々の人たち全員といくら懇(ねんご)ろな,挨拶なしでもすまされる関係になったとしても,それでもやはり挨拶が必要な場合が出てくるということでもあります。

億劫(おっくう)がらずに,挨拶を楽しめる大人になってください。

《問　題》

【基礎】「よいご旅行を!」のような祈願的な挨拶が,日本語社会で／外国語社会で,日常会話で／手紙で,どのような場面で現れるのか,考えてみましょう。

【発展】
(1) 会話の中で,発言の重なりが許されない場合,発言権はどのようにある人から別の人へと移っていくのでしょうか? 「会話の順番取りシステム」(ターンテイキングシステム, turn-taking system)について,Sacks et al.(1974)や串田(2010)を参考にして調べてみましょう。
(2) 挨拶は典型的な交感的言語使用(ファティック・コミュニオン, phatic communion)と言われることがあります。交感的言語使用とはどのようなものなのか,調べてみましょう。

《興味を持った人の参考になりそうな文献》

大曽美恵子(1986)「誤用分析1「今日はいい天気ですね。」—「はい,そうです。」」『日本語学』5(9), 91-94

學燈社(刊行)(1999)『國文學—解釈と教材の研究(特集「あいさつことばとコミ

ュニケーション」)』44(6)
木村大治（2003）『共在感覚―アフリカの二つの社会における言語的相互行為から』京都大学学術出版会
串田秀也（2010）「言葉を使うこと」串田秀也・好井裕明（編）『エスノメソドロジーを学ぶ人のために』1-35，世界思想社
定延利之（2011）「音声コミュニケーション」益岡隆志（編）『はじめて学ぶ日本語学』170-184，ミネルヴァ書房
水谷信子（1980）「外国語の修得とコミュニケーション」『言語生活』344, 28-36
茂呂雄二（編）（1997）『「対話」と知』新曜社
Kendon, Adam and Ferber, Andrew (1973) "A description of some human greetings", In Michael, Richard P. and Crook, John H. (eds.), *Comparative Ecology and Behavior of Primates: Proceedings of a Conference*, 591-668, Academic Press ［ケンドン，アダム・ファーバー，アンドリュー（著），佐藤知久（訳）（1996）「人間の挨拶行動」菅原和孝・野村雅一（編）『コミュニケーションとしての身体』136-188，大修館書店］
Malinowski, Bronislaw (1923) "The problem of meaning in primitive languages", supplemented to Ogden, C.K. and Richards, I.A., *The Meaning of Meaning: A Study of the Influence of Language upon Thought and of the Science of Symbolism*［第4版（1936）に訳あり。石橋幸太郎（訳）（2008）『意味の意味』新泉社］
Sacks, Harvey, Schegloff, Emanuel A. and Jefferson, Gail (1974) "A simplest systematic for the organization of turn-taking for conversation", *Language*, 50(4), 696-735
Schegloff, Emanuel A. (2007) *Sequence Organization in Interaction: Volume 1: A Primer in Conversation Analysis*, Cambridge University Press
Tsuchihashi, Mika (1983) "The speech act continuum: An investigation of Japanese sentence final particles", *Journal of Pragmatics*, 7(4), 361-387

第11課 断り方

この課のねらい

他人から頼み事を持ちかけられたら,それを引き受けて相手の願いをかなえてあげるのがもちろん一番いいのですが,いつもそういうわけにはいきません。無理な頼み事をされてしまったら,どう断ればいいのでしょうか? ここでは,日本語社会に発達している,さまざまな技法について考えてみましょう。

キーワード:丁寧さ(ポライトネス),断り,依頼,コミュニケーション行動

11.1 「考えときます」

「考えときます」をキーワードに,インターネットを検索すると,次の (1),(2) のような文章が出てきます。

(1) 東京から大阪へ出張した営業マンが,訪問先で自社の商品をすすめたところ,「ほな,考えときますわ」と言われ,ああ,よかった,検討してもらえるんだと安堵,その報告を上司にもして,数日後,再度訪問。
「先日の件,いかがでしょうか?」と尋ねたところ,「ああ,あれでっか,その件に関してはこのまえ『かんがえときますわ』と返事しましたやろ」と言われ,そうか,せっつきすぎたのか,もっと検討する時間がほしいという意味なんだなと,さらに数日後出かけました。
「さて,この間の件,考えていただいた結果はどうなったでしょうか?」と問うと,「せやから『かんがえときます』と言いましたやろ」とむっとされ,ここで東京の営業マンはやっと気付いたのです。そうか,大阪人の「かんがえときますわ」は,早い話が「NO」なんだと。「遠まわしに柔らかく言ってるんやけどなあ」という大阪人のやさしさなんでしょうけど。

[立川志の輔『ピーピングしのすけのふしあなから世間』

http://meiboku.exblog.jp/9908141/，2012年1月25日確認］
(2)　関西では「考えときます」という返事は，断る常套文句なのですか？
ほんとに考えてくれるわけではないのですか？
質問者：tskz47jp さん　　質問日時：2006/8/29 00:35:07

関西，関東の問題ではなく，日本語としてのあいまいな表現です。
関東の言葉で言えば「考えておきます」とか「考えてみます」，政治家の「検討致します」も同様です。
回答者：sarutahiko52 さん　　回答日時：2006/8/29 00:49:10
　　　　［『Yahoo! 知恵袋』http://detail.chiebukuro.yahoo.co.jp/
qa/question_detail/q139174403，2012年1月25日確認］

　(1) も (2) も，「考えときます」という発言が断りの場面で出てくることを取り上げている点では同じです。が，その内容は少し違っています。
　(1) では，「考えときます」が □ のビジネスマンに特徴的な断り方として取り上げられていますが，(2) では，一地域に限ったことではないとされています。
　また，(1) では「せやから『かんがえときます』と言いましたやろ」のように，「考えときます」は □ の意味しかない発言として取り上げられていますが，(2) では「考えときます」は「あいまいな表現」，つまり □ の意味だけでなく，文字通り考えておく意味も持つ発言として取り上げられています。
　これらの例は，どちらが間違いということもありません。いずれの例も「考えときます」の一面を照らしています。
　大人社会に仲間入りする前に，このような断り方について学んでおきましょう。

11.2　「やってみます」

　コマーシャルを出している会社の中には，自社のサービスをCMソングでアピールしているところがあります。ここで注目したいのは，ある関西の会社で 2010 年頃まで使用されていた CM ソングです。

このCMソングには「やってみます」，さらには「「やってみます」の（会社名）です」というフレーズが何度も出てきます。「「できません」と言う前に「やってみます」の（会社名）です」という具合です。

つまり「お客さまがどのようなご要望をなさっても，当社の従業員は「それはできません」と即座に断ったりしません。まずお客さまのご要望通りにやってみます」というわけです。

業者の感覚では「そんな無茶はできない。ハイ終わり」と片付けてしまいたいことでも，その思いは脇へどけて，まずお客さまと同じ立場に立って，お客さまのお気持ちを□させていただき，できるんじゃないか，何とかできないか，とにかくやってみようと努力すること——お客さまが期待されるサービスとは，まさにこのようなものではないでしょうか。当社はこのご期待にしっかりお応えします，「できません」と断るのは最後の手段です，といった考えが伝わってくるようですね。

残念なことにこの会社は，他の会社に吸収合併されてしまい，今はこのCMソングは使われていません。しかし，この会社がアピールした「「できません」と言う前に「やってみます」」式のサービスが，妙なものだったというわけではありません。気持ちを相手と□し，相手と同じ気持ちになるということは，相手と同じ心理的環境に共在するということです。この会社のサービスは，挨拶にも通じるコミュニケーションの一つの型（10.4節を参照）を下敷きにしていると言えるでしょう。

11.3　常務は大阪人

私たちの日常会話を録音して調べていると，こうした問題と直結する話が出てくることがあります。ある会話の中では，関西のビジネスマンが次の（3）のようなことを語っています（この音声データはネット上に載せてあります。http://www.speech-data.jp/kaken/oosakajin.html）。

(3) ［それまでの話の流れ］自分がよく使っている旅行代理店は，専務が東京人，常務が大阪人で，二人の仕事ぶりはずいぶん違う。例えば「何月何日，どこそこ行きの飛行機のチケットをとってくれ」と，お客が無茶な注文をした場合。東京人の専務は「私なら「そのチケットはあ

りません」と断りますね」と言う。それで自分は驚いて専務に尋ねた。

「なんでや？」と。「お前そんなはっきり言うたらな，お客さん気ぃ悪するやないかい」言うたら，（専務は答えて）「無いものは無いでしょう」と。「なんぼ努力しても，無いものは無いんです。だから，お客さんに，早くあきらめてもらって，次善の策を練ってもらうのが一番親切でしょう」と言うねん，専務はな。

ところが常務は大阪人や。違うねん。（常務はお客に）「いやーそらむつかしいでしょうなー。せやけど一所懸命，これからがんばってみます。思い切りがんばって，その時は，あのーなかった時は，すんませんがーまーちょっと許してくださいよー」とこう言いよるわけや。

せやけどほんとに努力しよらへんねん（笑）。

この ▢ は「チケットを一所懸命探す」とお客に言っていますがそれはウソで，実際は探さないのですが，お客にはそれは見えません。お客の目には，▢ は「ダメだと思っても親身になって探してくれる，情のある人」と映ります。

もちろん，旅行代理店のお客の中には「お客の時間を大事にしてくれる ▢ さん」のサービスを歓迎する人もいるでしょうが，「やってみます」式のサービスを歓迎する人もいるわけで，▢ のやり方は，「やってみます」式を装った巧妙な手口と言えるでしょうか。常務と同郷（つまり大阪人）である，この録音の語り手には，この偽装はバレてしまっているわけですが。

11.4　「社で検討させてください」

お客との会議で，お客が無茶な提案をしてきたとき，「それは無理でございます」などと，すぐに却下してはいけない。その場では「むずかしい部分がございますが，大変面白いご提案ですので，なんとか実現できないか，いったん社に持ち帰って検討させてください」などと答えなさい。会議を終えて社に帰ったしばらく後で連絡を入れ，「検討いたしましたが，やはり無理でございました」と断りなさい——▢ 支社にかぎらず，東京本社でも，社員をこう教育している会社は，実はないわけではありません（ちなみに，こういうことを

やっているのは日本だけではありません)。

11.5 「さー」

　何事かを考えている最中に発せられることばには，「えーと」「あのー」「んー」「だから」「てゆーか」など，さまざまなものがあります。ここで取り上げる「さー」もその一つです。
　「さー」には大きな特徴があります。それは，「さー」の直後に話し手が続けて発言する内容は，会話している相手の期待に沿わないものだ，ということです。
　例えば，次に挙げるXとYの対話で，XはYが交番のありかを教えてくれることを期待しています。
　(4)　X：あ，すいません，このあたりに交番ありませんか？
　　　　Y：さー，a.　わかりません。
　　　　　　　　b.　あの角を曲がったところにあります。
　Yの返答aの「わかりません」はその期待に沿わない返答で，これが「さー」に続くことはありそうですが，Xの期待に沿うbの返答「あの角を曲がったところにあります」が「さー」に続くことは不自然でしょう。この点，関西と関東の違いは特にないと言ってよいでしょう。
　「さー」と発音しようとする時点で，私たちは「ダメだ。この人の頼み事（このあたりの交番を教えてくれ）には応じられない」とわかっていることになります。それならすぐに「わかりません」と言えばいいのに，なぜ「さー」と言って考えるのでしょう？
　それは，相手の問題を自分も共有して，とにかくダメもとで検討してみせることが丁寧だからではないでしょうか？

11.6　この課のまとめ

　相手に伝達すべき情報［あなたの頼み事には応じられない］が確定しているのなら，それを早く相手に伝達するのがマナーであり丁寧なことだ，という考えは，現実の日本語社会には，いつも当てはまるとは限りません。

11.6 この課のまとめ

　むしろ，時間は多少かかっても，相手の問題を自分も共有して，相手と一緒に，ダメもとで検討して「親身」になることの方が，好印象をもたらすことがいろいろとあります。「やってみます」という関西の会社だけでなく，道をたずねられて「ダメだ」とわかりつつ「□□□」と言ってダメもとで考える日本全国の私たちも，実はこのことはよく知っているはずです。相手の無理な提案を「むずかしい部分がございます」としつつ，「社に持ち帰って検討させてください」と続ける社会人の智恵も，同じところに根ざしていると言えるでしょう。

　もっとも，「ダメもとでの検討」が本当に行われるかどうかは，相手の会社に行ったり，相手の心をのぞいたりできない以上，突き止めようがなく，わかりません。横着を決め込む□□□のようなちゃっかり者が出てくるのはそのためです。一部の社会で「□□□□□□□」が「お断りします」の符丁となっているのも，「不誠実」という悪印象を外部者には与えがちですが（実際，不誠実なこともあるようですが），「この場ですぐ断ってしまうよりも，相手と問題を共有して，ダメもとで一緒に考える方が角が立たない」という，それなりの配慮が根底にはあるのではないでしょうか。

　ここで取り上げたのは「依頼に対する断り」という，日本語コミュニケーションのごく一部分に過ぎません。が，「どう行動すれば丁寧になるのか」という問題の正解が決して一通りに固定されてはおらず，さまざまな答が，日本語社会のさまざまな局面（地域や社会的位相など）ごとに発達しているということは見てとれたでしょう。

　コミュニケーション行動には，「断り」以外にももちろんさまざまなものがあり，「断り」にしても「誘いに対する断り」や「但し書きとしての断り」などの別の面があります。そこにもまたさまざまな「丁寧なやり方」が発達しています。同じことが他言語の社会についても言えます。「人間にとって，丁寧なやり方は一つではない」と認識しておくことは，文化摩擦に冷静に対応しようとする上で重要なことです。

《問　　題》

【基礎】「できない」と思ってもお客にそう言わずに，とりあえずやってみる「やってみます」式サービスは，どのように受け止められているのでしょう？　そ

こに地域（例えば東京と大阪）や社会的位相（例えば学生・勤め人・主婦）の違いはあるでしょうか？　できる限りの範囲で調べてみましょう。

【発展】　儀礼的な「社への持ち帰り」について見聞きされたことがあるかどうか，みなさんのご両親やご兄弟・先輩など，親しい社会人にそっと聞いてみましょう。

《興味を持った人の参考になりそうな文献》

生駒知子・志村明彦（1992）「英語から日本語へのプラグマティク・トランスファー—「断り」という発話行為について」『日本語教育』79，41-51

伊藤恵美子（2005）「マレー文化圏における断り表現の比較—ジャワ語・インドネシア語・マレーシア語の発話の順序に関して」『国際開発研究フォーラム』29，15-27

大倉美和子（2002）「語用論研究と日本語教育—メキシコ人と日本人の「誘いを断る発話」」国立国語研究所（編）『対照研究と日本語教育』109-127，くろしお出版

熊井浩子（1993）「外国人の待遇行動の分析（2）—断り行為を中心にして」『静岡大学教養部研究報告』28(2)，1-37

定延利之（2005）『ささやく恋人，りきむレポーター—口の中の文化』岩波書店

鮫島重喜（1998）「コミュニケーションタスクにおける日本語学習者の定形表現・文末表現の習得過程—中国語話者の「依頼」「断り」「謝罪」の場合」『日本語教育』98，73-84

滝浦真人（2008）『ポライトネス入門』研究社

権　英秀（2008）「「断り」表現の分析方法—フェイス複合現象の紹介」『現代社会文化研究』43，225-242

Wierzbicka, Anna（2003）*Cross-Cultural Pragmatics: The Semantics of Human Interaction*（2nd edition），Mouton de Gruyter

元　智恩（2003）「断わりとして用いられた「ノダ」—ポライトネスの観点から」『計量国語学』24(1)，1-18

任　炫樹（2004）「日韓断り談話におけるポジティブ・ポライトネス・ストラテジー」『社会言語科学』6(2)，27-43

Yun, Meng（韞　蒙）（2010）「日中断りにおけるポライトネス・ストラテジーの一考察—日本人会社員と中国人会社員の比較を通して」『異文化コミュニケーション研究』22，1-28

第12課　かっこいい〜はずかしいしゃべり方

この課のねらい

　社会に出るということは，何らかの世界の専門家，業界人，事情通になるということです。そこで働く上司や先輩たちの身のこなしやしゃべり方には，いかにもそれらしいものが感じられるかもしれません。もっとも，だからと言って，自分には内実がまだ伴っていないのにそれをそのまま真似したり，職場でもないいろいろなところでその口調を得意がってひけらかしたりするのは，かえって顰蹙（ひんしゅく）を買うだけでしょう。最も悲惨なのは，そんなつもりもないのに「得意げにひけらかしている」と誤解されるケースですが，そんなことが起きるのは，「自分がその世界でどんなしゃべり方を身に付けたのか」をはっきり自覚できておらず，その結果「そのしゃべり方をいまこの場所ですべきかどうか」にも敏感になれないからです。そんなことにならないよう，かっこいい〜はずかしいしゃべり方の代表的なものに注意を向けておきましょう。

　キーワード：業界用語，隠語，平板型アクセント，途切れ延伸型のつっかえ，流ちょう性，言いよどみ，評価，りきみ

12.1　素人が業界語を使ったら

〔問1〕素人（しろうと）が業界語や隠語を使ったら，どう思われる危険があるのか，下のインターネット上の文章を参考にして考えてみましょう。

(1) そして，お客として気をつけなきゃいけないのは，シャリ・ガリ・オテモト・ムラサキ・アガリ・オアイソなどの「業界用語」を，素人客が無闇に使わないことです。ご本人は「通」ぶっているのかも知れませんが，それを聴かされる周りが恥ずかしい気持ちになっちまいますから。　　〔http://liberty1-hp.hp1.catch-cms.jp/1285899730203/, 2012年1月25日確認〕

(2) 寿司屋で得意げに「おあいそ！」とか言っちゃう奴にアツアツのカニ味噌汁をぶっかけてやりたい

［http://ninninnsoku.doorblog.jp/archives/1834083.html,
　　　　　　　　　　　　　　　　　　　　　2012年1月25日確認］

(3)　しかしお客さんの中には雑誌やインターネットで調べた店員も知らない言葉を得意げに語る人がいます。型番や値段表に書いてある名称をあえて使わず開発時のコードネーム（それも滅多に知られていないやつ）を使う人です。そして店員が「？」という顔をするとうれしそうに「○○ですよ」とわかりやすく言い直すんです。こんなお客さんはものを売った後はもう二度ときてほしくないと思います。わざわざ自分の知識（それも単発の役に立たない知識です）で店員を試すようなことはやめましょう。ちなみに雑誌やインターネットで調べた中途半端な知識をひけらかそうとするとほとんどの場合は撃沈されます。普段店頭にいない僕だってHDの型番を聞けば「80 GB, 7200 rpm, 流体」とすらっと出てきます。店員の中にはホントに何でも知ってる人もいますしね。　　［http://imajun.sakura.ne.jp/digico/digico_009.html,
　　　　　　　　　　　　　　　　　　　　　2012年1月25日確認］

(4)　ネトゲとかでもやたら略称（単語のイニシャルの羅列とか）無理に使って得意気はうざい
　　　　　　　［http://aromablack5310.blog77.fc2.com/blog-entry-4564.html,
　　　　　　　　　　　　　　　　　　　　　2012年1月25日確認］

　ここで語られているのは，他人のしゃべり方を「かっこいい」と思って真似ても，自分がかっこよくなるとは限らないということです。得意げに「通」ぶっていると本心を見透かされ，撃沈されたり，　　　　　　　をぶっかけられたりするかもしれません。

12.2　専門家らしいアクセント

〔問2〕　次の外来語はどんなアクセントで発音されるでしょうか？
　　a．ガイド　クラブ　サポーター　システム　データ　ディスク
　　　　ネット　ノイズ　ファイル　リスク
　　b．ライト　テレビ　アクセル　テンション　コース　スコア

タイム　ステージ　ディスプレイ　ゴルフ

　最初の音だけが低くて，後がすべて高いアクセントを，平板型アクセントと言います。外来語を平板型アクセントで発音すると，「その筋の専門家がしゃべっている」というニュアンスが出ることがあります。上のa, bの語を比べると，平板型アクセントの発音は全体としてaの方がより自然ではないでしょうか。しかし，それよりももっと重要なことは，aの語にしてもbの語にしても，平板型アクセントで発音する人と，発音しない人がいるということです。
　あなたが平板型では発音しない語を，平板型で発音する人たちがいます。その人たちのことをあなたが「専門家っぽくて，かっこいいなあ」と賞賛のまなざしでいつも見ているかというと，必ずしもそうではないでしょう。「おやおや，専門家をきどっちゃって」などと，冷ややかに眺めやることもときにはあるかもしれません。
　あなたが平板型で発音する語を，平板型で発音しない人たちがいます。その人たちにあなたがどう見えているのかは，考えてみる価値があるかもしれません。
　特に，もしもあなたが心中ひそかに「この言い方って，かっこいいじゃん」と思って，わざと平板型アクセントでしゃべっているのであれば，その魂胆が実はとうにバレていないか，考えてみる必要があるかもしれません。
　「かっこいいこと」と「かっこいいことを狙ってやること」は別物で，後者は必ずしもかっこよくない，むしろはずかしいことさえあるからです。

12.3　「権威者」らしいつっかえ

〔問3〕　次のaにならって，b, cを同じ調子でつっかえて発音してみましょう。
　　a.　ですから財政改革を進める上での問題とは
　　　→ですから，あー財政改革，うーを，進める上での，おー問題とは，あー
　　b.　消費税率の引き上げが検討されましたが
　　　→
　　c.　日本語社会では非流ちょうなしゃべり方が実は重要で

まず、aの「ですから、あー財政改革」というのは何かというと、本来は「ですから財政改革を」と言うべきところだったのですが、単語「ですから」の最後のところで少し伸びてしまったのです。それだけなら「ですからー財政改革」ですが、単語「ですから」の末尾のところで声をいったん途切れさせた結果、「ですから、あー財政改革」になっているのです。

同様に、「財政改革、うーを」というのは、単語「□□□□」をしゃべったところで発音をいったん途切れさせた上で、「改革」末尾の母音「□」を伸ばしたものです。

発音を途切れさせることと、途切れた音を伸ばすことが同じところでセットで生じているので、ここではこのようなつっかえ方を仮に「途切れ延伸型」と呼ぶことにします。途切れ延伸型は、いったん発音を途切れさせた直後に、途切れた音を伸ばすという、複雑なつっかえ方で、このようなつっかえは他言語社会にはなかなか見られませんが、日本語社会には珍しくありません。

途切れ延伸型のつっかえは、「ですから、あー」「財政改革、うー」のように単語の末尾（これを「語末」と言います）で生じるだけではなく、「進める上での、おー」の「上での、おー」のように、文節（「上での」）の末尾で生じることもあります。例えば、上で見た「財政改革を」は、単語「財政改革」の末尾で途切れ延伸型のつっかえが生じれば「財政改革、□□」ですが、文節「財政改革を」の末尾で途切れ延伸型のつっかえが生じれば、「財政改革を、□ー」となります。

ですからbの冒頭の「消費税率の」の部分は、「消費税率、うーの」でも「消費税率の、おー」でもいいし、cの冒頭の「日本語社会では」の部分も「日本語社会、いーでは」でも「日本語社会では、あー」でもかまいません。

子どもが「おやつを、□ー食べたいとは、□ー思ったけど、□ー」などと言うことはないように、途切れ延伸型のつっかえは子どもの発言にはありません。このつっかえは、例えば政治家や学者、解説者、司会者といった「権威者」の発言によく見られるものです。

つっかえるということが、発言の流ちょう性をそこなう「ヘタ」なしゃべり方だということは、疑いようのないように思えるでしょう。しかし、日本語社

会では，音をいったん途切れさせた上で伸ばすという複雑な構造を持ったつっかえ方が発達しており，「権威者」たち専用のしゃべり方になっています。

「外国の政治家は雄弁で，立て板に水を流すようによどみなく流ちょうに堂々と演説する。それにひきかえ，日本の政治家はいかに演説がヘタか」と，よく言われます。たしかにそのような面がないわけではありません。が，同時に考えなければならないのは，そもそも日本語社会では，「いかにもかっこいい，よどみのない流ちょうなしゃべり方」は必ずしも評判がよくないということです。むしろそこからはずれた，その意味で「かっこ悪いしゃべり方」が，話し手の人物像と合った「板についた」形でさりげなく自然に行われるという方がしばしば歓迎されます。

12.4　「責任者」らしい言いよどみ

〔問4〕　病院で，ある薬を投与された患者が，「持病を抑えるためにいつも飲んでいる薬も一緒に飲んでいいでしょうか」と窓口の看護師にたずねました。看護師が，他の仕事もテキパキと片付けながら，奥にいる医者に判断を仰ぐと，医者は大丈夫と言うので，それを受けて看護師は，やはりさまざまな仕事を片付けながら，窓口の患者にその旨を伝えました。その際の，看護師に対する医者の返答発話と，患者に対する看護師の返答発話として，次のa，bの自然さを比べてみましょう。
　　a．その薬は大丈夫です。
　　b．えーと，その薬は大丈夫ですね。

　看護師に対する医者の返答発話はaでもbでも自然ですが，患者に対する看護師の返答発話は，□が問題なく自然であるのに対し，□は自然さが低くなりがちです。このことは，「医者がすぐ近くにおり，患者に対する看護師の発話が患者だけでなく医者にも聞こえる」「看護師に対する医者の返答の声が大きく，看護師だけでなく患者にも明らかに聞こえていた」などの状況では特にはっきりします。これらの状況は，看護師が医者らしくふるまうことを困難にする状況と言えるからです。

　つまり，考え中の「えーと」や，考えた結果を見極める際の終助詞「ね」「な」

などを発する権利に関して，医者と看護師は違っています。

このことは「医者は考えて看護師に返答するが，看護師は，医者から言われたことを患者に伝達するだけで，考えないから」といった単純な形では説明できません。なぜなら，上の事例では看護師は非常に忙しく，他のさまざまな仕事も同時にこなして，いろいろ考えているからです。たとえ医者がたったいま述べたことでも，看護師が他の仕事に気を取られて「いま，この医者は何と返答したのだったかな」と考えるといったことは十分想定できますが，その想定のもとでもbは不自然だからです。

医者が「えーと」や「ね」を発する権利を持つのは，いま焦点になっている問題［この患者は二つの薬を一緒に飲んでもよいか］を自分の問題として引き受け，答を作り出す責任者が医者だからです。看護師は医者の答を患者に伝達しますが，この問題に関しては責任者ではないので，同様の権利を基本的に持ちません。

責任者ではないのに，何でもかんでも「えーっと，そうですね，まぁー〜ですね」なんてもったいをつけて言っていると，「あの人は「いっちょかみ（何につけても関係者づらをしてかっこをつけたがる人）」だ」と思われるかもしれません。

12.5 上位者の評価発話

〔問5〕 次の発言a, bを比べてみましょう。
　　　a. 田中君，今日の発表はとてもよかったよ。
　　　b. 先生，今日の授業はとてもよかったです。
　　　あなたはこの発言をどう思いますか？
　　　（ア）　a, bとも失礼。
　　　（イ）　aは失礼。
　　　（ウ）　bは失礼。
　　　（エ）　両方とも失礼ではない。

日本語の授業の終わりに，外国の学生たちが「キョーノジュギョワ，トテモヨカタデス」などと先生に言って，先生を面食らわせるという話があるように，

日本語社会には「下位者は上位者を評価してはいけない」という規則があります。面と向かって評価の発話を行って構わないのは □□□ だけです。

「親しくなってしまえば上下の意識は薄まる」ということは事実ですが，その見極めは容易ではありません。「部長は仕事けっこう速いっすね」などと言って，部長とフランクでフレンドリーな関係を築いている，と思っているのは自分だけだったといったことのないよう気を付けてください。

もっとも，「部長は仕事速いっすねー！！！」のように，感激してしまえば話は別です。これは，「感激する」ということと「高い評価を下す」ということは，コミュニケーション行動として別物だということです。

アジアには広く見られることのようですが，組織内での上位者と下位者の非対称性は，呼び方にも関わります。田中部長を「田中（君・さん）」と名前で呼べるのは同じ社では原則，田中部長の □□□ に限られます。田中部長の □□□ は田中部長を「部長」のように肩書きで呼ぶことはできますが，「田中さん」のように名前で呼ぶことは（会社にもよりますが）原則としてできません。弟や妹が兄や姉に対して「兄ちゃん」「ちょっと，お姉さん」のように肩書きで呼びかけられる一方で，兄や姉が弟や妹を「ねえ，弟」「ちょっと，妹さん」のように肩書きで呼びかけられないのもこれと似ていますね。

もっとも，呼び方にはウチ／ソトの問題もかかわってきます。幼い兄弟に対して「ではまず，弟さん，こちらに来て下さい」などと言えるのは，話し手がソトの人間だからでしょう。上で「組織内での上位者と下位者の非対称性」と断ったのはこのことです。

12.6 体験者のりきみ

〔問6〕 次の発言a, bを比べてみましょう。
　　　A：田中さんはお酒は飲まれるんでしょうか？
　　　B：[田中のファイルを見て「飲酒量・非常に多し」という記述を見付けて]
　　　　a. すごく飲みますよ。
　　　　b. [りきんで] の, み, ま, す, よぉ～。

力を込めて，しゃがれたようなりきみ声で田中氏の飲酒量を教えることができるのは，田中氏の飲みっぷりを実際に目の当たりにして驚きあきれた体験を持っている人だけです。田中氏の飲酒量が非常に多いということをファイルで知った人は，知識はあっても個人的な体験がないので，りきみ声は出せません。りきみ声はこのように，（常にというわけではありませんが）体験者だけの特権的な声となることがあります。

「あそこから通学するって，大丈夫？　大変だよー」の「大変だよー」の部分を「た，い，へ，ん，だ，よ～」ときむと，「自分にも似たような経験はあるが」という含みが出てきます。自分だってそれなりの経験を積んでいるのだ，とさりげなくアピールすることができるわけですが，その魂胆を見抜かれて「イヤな奴」と思われるかもしれません。くれぐれも慎重にやってください。

12.7　この課のまとめ

この課では，皆さんが仰ぎ見ることになりそうな人たちの，その意味で「かっこいい」しゃべり方を観察してきました。ひとくちに「かっこいい」しゃべり方といっても，業界人らしい業界語，専門家らしい平板型アクセント，権威者らしい途切れ延伸型のつっかえ，責任者らしい言いよどみ，上位者らしい評価行動，体験者らしいりきみという具合に，さまざまなものがありました。

こうした「かっこよさ」を感じ取り，また自分で醸し出すには，私たちは「発せられる単語」「アクセント」「つっかえ方」「言いよどみ」「行動の内容」「声の質」に敏感でなければなりません。また，自分にそうした「かっこよさ」を醸し出すだけの内実が備わっており，いまここがそれにふさわしい状況かどうかという判断も重要になるでしょう。

卒業後初のクラス会で，覚えたての業界用語を振りかざして，[　　　　　　]をぶっかけられたりしないよう注意してください。

《問　　題》

【基礎】

(1)　先生を「あなた」と呼ぶことができますか？　「先生，あなたは」にことばを続けて，発言を完成させてください。例えば弔辞を読む場合は

どうか，などといろいろ考えてみましょう。
　(2)　他人を「あなた」と呼ぶのは，どのような人でしょうか？　以下の例を参考に考えてみましょう。
　　　a.　アナタワ，神ヲ，信ジマスカ。
　　　b.　あなたの肌年齢を十歳若返らせる！
　　　c.　あなたのおそばにいるだけで，とてもしあわせな日々でした。
　　　d.　では，あなた，答えてください。

【発展】「スワンラータンっていう料理は，からいんですか？」という質問を受けたけれども，その料理は全く知らないので百科事典を調べ，「非常にからいことで有名」という記述を見付けて答える人は，どのようなしゃべり方ができるでしょうか？
　a.　すごくからいよ。
　b.　そーりゃあもうからいよ。
　c.　［最初の「か（ー）らい」を高く，後の「からい」を低く］か（ー）らいからい。
　d.　［二つの「からい」を同じような高さで］からいからい。
　e.　［りきみ声で］か，ら，い，よ〜。
　f.　［ささやき声で］か，ら，い，よ〜。

《興味を持った人の参考になりそうな文献》

音声文法研究会（編）（1997〜2006）『文法と音声1〜5』くろしお出版

定延利之（2005）『ささやく恋人，りきむレポーター——口の中の文化』岩波書店

杉藤美代子（編）（2011）『音声文法』くろしお出版

鈴木孝夫（1973）『ことばと文化』岩波書店

谷　泰（編）（1997）『コミュニケーションの自然誌』新曜社

水谷　修（1979）『話しことばと日本人』創拓社

Fillmore, Charles (1979) "On fluency", In Fillmore, Charles, Kempler, Daniel and Wang, William S-Y. (eds.), *Individual Differences in Language Ability and Language Behavior*, 85-101, Academic Press

第13課 キャラクタの悩みあれこれ

この課のねらい

大多数の人々は他人とのコミュニケーションがそう得意ではなく，程度の差こそあれ，コミュニケーションのことで悩んでいます。そうした悩みの多くは，「状況に応じたスタイルの調節ができない」というようなものではなく，むしろ「自分や他人のキャラクタ（人物像）」に直結したものではないでしょうか。ここでは，これまでよく注目されてきた「スタイル」ではなく，「キャラクタ」に光を当ててみましょう。

キーワード：スタイル，キャラクタ，意図，キャラ変わり，キャラクタの「格」「品」

13.1 キャラクタとは？

〔問1〕「あたしって，変わってるんです」「オレの若い頃はもう，カミソリみたいにピリピリしてたな」のような「自分はこういうタイプ」発言は，なぜ，思うような効果をあげられず，周囲を苦笑させてしまうことが少なくないのでしょうか。考えてみてください。

人間は社会的な動物です。世俗を突き抜けてしまった人を別とすれば，私たちは日々，群れの中でお互いを評価しあい，他者から下される評価を気にして，舞い上がったり落ち込んだり，一喜一憂して暮らすしかありません。

ところで，ひとくちに「評価」といっても，「この料理はうまい／まずい」のような作品評，「あの料理人はいい腕だ／ヘタだ」のような技能評，「あの人は豪快な人だ／かっこいい人だ／下品な人だ」のような人物評といった，さまざまなものがあります。

このうち，私たちにとって最も重要なのは □□□ です。私たちは何としても，他人から「あの人はいい人／かっこいい人／セクシーな人」と思われたいわけですし，何が何でも「あの人はダメな人／下品な人／ブサイクな人」とは

思われたくありません．こうした気持ちは，服を選ぶにしても化粧をするにしても，仕事をするにしても冗談を言うにしても，常に私たちをとらえて放しません（もちろん，私たちの内面はそれだけではないのですが）．

「他人にこう評価されたい／されたくない」と思うあまり，「私の評価はこう．こう評価して」と言ってしまいたくなる，というのもわからない話ではありませんね．では，それがなぜ失敗するのでしょうか？

それは，人物評が作品評や技能評と違って，「意図になじまない」という性質を持っているからです．

例えば「この料理はうまい」という作品評は，その「うまさ」が料理人の意図によるものだとしても，つまり料理人が「「この料理はうまい」と評してもらおう」と意図し，努力した結果うまく感じられたのだとしても（たいていはそうでしょうが），全く傷つきません．

「あの料理人はいい腕だ」という技能評も同様です．厨房から料理人が飛んできて，「そうでしょう．私は皆さんから「いい腕だ」と言われるようになりたいと，修行してきたんです」と言っても，いい腕はいい腕のままです．

しかし，例えば「あの人は豪快な人だ」という人物評は，そうではありません．その豪快さが「「あいつは豪快な人だ」と評してもらおう」と意図してふるまった結果，豪快に感じられたものだと判明すれば，もはやその人は豪快な人ではありえません．

善行を積むにしても，「私がいい人だということを善行で示しましょう．ほら，この通り，いい人ですよ」と言ったのでは「いい人」とは評されません．誰にも見られていないと思える状況で人知れず善行を積む，その後ろ姿を見るまでは，他人は「あの人はいい人だ」とは認めません．

人物評とは結局のところ，「あの雲は形が面白い」のような自然物評の一種であって，そこに意図はなじみません．「私はこういう人間です」発言が墓穴を掘ってしまう原因はここにあります．

「望みの人物評を得るために，自分の人物像をさりげなく演出しよう．だが，その意図を察知されてなるものか」という取り繕い，そして「こいつの人物像は本物か．人物像を取り繕われてなるものか」という勘ぐりは，私たちの日常生活における，ごくありふれた「暗闘」の一部分と言えるでしょう．

「キャラクタ」あるいは「キャラ」ということばは，さまざまな意味で使わ

れていますが，この本で言う「キャラクタ」（適宜略して「キャラ」）は，このような人物像のことを指しています[1]。より厳密に言えば，「本当は変えられるが，変わらない，変えられないことになっているもの。それが変わっていることが露見すると，見られた方だけでなく見た方も，それが何事であるかわかるものの，気まずいもの」，それがキャラクタです。

13.2　キャラクタとスタイルの違い

〔問2〕　「嵐」という男性アイドルグループが，テレビの新番組『嵐にしやがれ』の記者発表を行ったとき（2010年4月20日）のことです。「どんなゲストが来たら緊張するか？」という記者からの質問に対して，櫻井翔という「嵐」の一員は，次のように答えています。

> オーレー，は，村尾さんかなー。オレの，温度としてやっぱり，報道の温度でしか会ってないからー，オレここで「アハー！！」とか言ってんの見られるのちょっとつらい。

ここで「村尾さん」と呼ばれているのはニュース番組のメインキャスター・村尾信尚氏のことで，櫻井氏も同じニュース番組ではまじめな人物として村尾氏に接しています。では，櫻井氏は村尾氏に「アハー！！」を見られるのがなぜ「ちょっとつらい」のでしょうか？

櫻井氏はいつでもどこでもニュース番組と同じようにまじめなのかというとそうではなく，『嵐にしやがれ』では「アハー！！」と騒いでいます。そこで村尾氏と対面することになったら，「ああどうも。いつもニュース番組ではお世話になってます。あっちは報道ですから，まじめなスタイルでやってますけ

---

[1] 分野や研究者によっては，「キャラ」と「キャラクタ」は別々の概念として定着されることもあります。マンガ表現を論じた伊藤（2005），最近の日本の世情に焦点を当てた相原（2007）や瀬沼（2007）がその例です。ここでは，ことばやコミュニケーション一般を観察する上で最適と思える用語定義を検討した結果，「キャラ」と「キャラクタ」を同義としています。詳しくは定延（2011）を参照してください。

ど，こっちはバラエティ番組なのでハジけたスタイルでやってますのでアハー！！ 村尾さんもよろしくハジけてくださいアハー！！」などと言って平気かというとそうではない，櫻井氏は「ちょっとつらい」のだ，というのが，ここで問題とされていることですね。

ニュース番組で櫻井氏がまじめなのは，「オレ的には，まじめも，アハー！！も，両方アリなんすけど，ここは報道番組だからまじめでいっときます」というような，意図的に切り替えて何ら問題のない「▢▢▢▢▢▢」のレベルでまじめなのではありません。だとしたら，▢▢▢▢！！ のところを見られても平気なはずです。櫻井氏が「ちょっとつらい」のは，ニュース番組では「櫻井クンって，まじめな人だね」と思われるように，根がまじめという感じで通してきたのに，それが実はそうではなくて▢▢▢▢！！ もやる人だったと露見してしまうのがつらいのではないでしょうか。

あからさまに変えて問題のない「▢▢▢▢▢▢」ではなく，変わらない，変えてはいけないことになっているが，実際はしばしば変わるもの。それが変わっていることが露見してしまうと，気まずいもの。それをここでは「▢▢▢▢」と呼んでいるわけですが，櫻井氏のまじめさはこのレベルであって，村尾氏の前ではまじめキャラを演出していたから，▢▢▢▢！！ による破綻がつらいのだということになります。

13.3 芸能界の掟？

〔問3〕 次の (1) (2) は，インターネットからとったもので，「アイドルはトイレに行かない」という考えが述べられています。なぜこのような考えが「その昔」生まれていたのでしょうか，あるいは今でも生まれているのでしょうか？

(1) その昔,『アイドルはトイレに行かない』と言われた。
　　　[http://wow-spring.jugem.jp/?eid=699，2012 年 1 月 25 日確認]
(2) 皆本はアイドルだからトイレ行かないもん！
　　　[http://hiwihhi.com/takashi_shiina/status/1358814779547648,
　　　　　　　　　　　　　　　　　　　　2012 年 1 月 25 日確認]

「アイドルはトイレに行かない」神話が，少なくとも昔は存在し，今も一部には生きていることをうかがわせる発言ですが，これらの根底には「アイドルというものは，ステージ上だけのものではない」という私たちの感じ方がありそうですね。例えば「会議での議長役」のように，決まった場所（会議場）でだけ，決まった時間（会議中）にだけ発生する「役」というものがありますが，私たちにとって「アイドル」とは，そうした単なる役とは違って，24時間，365日ずっと続いていてもらいたいもの，つまり人物そのもののようですね。

〔問4〕 次に挙げるのは，インターネット上のQ&Aからとった文章で，アイドルのデビューのきっかけについてある人が出した質問に対して，別の人が答えています（文章中の芸能人名は伏せ字にしました）。

(3) 質問（importoffroaderさん）：昔のアイドルって，デビューのきっかけが「友達が勝手にオーディションに応募した」とか「友達がオーディションを受けるので付き添いで行ったら友人が落ちて私が受かった」とか言っていた人が結構いたと思うのですが，あれって本当なんでしょうか？
ベストアンサー（kathmandu_84さん）：本当の人もいるとは思いますが，大半はうそではないでしょうか？（××××なんか・・）その方が好感度があがるとか話題になるでしょうし[2]。
〔http://detail.chiebukuro.yahoo.co.jp/qa/question_detail/q107733650，
2012年1月25日確認〕
ここに書かれている「好感度があがる」について，理由を考えてください。

さすがに最近はうさんくさく感じられ，少なくなっているようですが，「オーディションは友達が勝手に応募して」という，昔よく使われた言い回しについての発言です。「自分でも綺麗だと思っている美人はあまり高く評価されない。高く評価されやすい美とは，意図され計算されていないように見える美」ということを突き詰めていくと，「オーディションへの応募」という意図的な

---

[2] 原典は「高感度」でしたが「好感度」としました。

ふるまいを何とか他者のせいにしたいのではないでしょうか。

〔問5〕　インターネットには，次のように，芸能人の整形「疑惑」を述べた文章も多々見られます。
(4)　芸能人の整形疑惑画像・劣化・激ヤバ画像一挙公開！！　過去に整形疑惑のある芸能人を画像付きで紹介します。
　　　　　〔http://geinoujingiwaku.seesaa.net/，2012年1月25日確認〕
芸能人の整形はなぜ「疑惑」と言われるような「悪い」ことなのでしょうか？

　芸能界に特に敏感に反映されているのが，「理想的な『かわいい人』『美しい人』とは，自分のかわいさ・美しさを自覚したり，それを演出したりせず，自分では何も気付いていない，「素」でかわいい・美しい人だ」という私たちの思いだとすると，結局これも意図とは無縁である（ということになっている）人物像，つまりキャラクタの問題ということになりますね。

13.4　キャラ変わり

〔問6〕　次の文章の書き手（男性）は，赤ちゃんことばを使った経験があるのに，なぜそれを隠すのか（それはもちろん，しゃべれば相手にバカにされるからでしょうが，なぜバカにされるのか），説明してください。
(5)　私を含め私の友人達は，ほぼ彼女または奥様に赤ちゃん言葉を使った経験があります。想像するのもおぞましいですが。。。（中略）ちなみに私も友人達も，女性に「赤ちゃん言葉，使う？」と聞かれたら「使うわけねーじゃん！ばっかじゃねーの」と答えます。笑
　　　　　〔http://q.sugoren.com/13494，2012年1月25日確認〕

　成人男性が恋人相手に赤ちゃんことばをしゃべっているのを他人に知られてしまったら，もう弁明は不可能でしょう。「仕事相手にはきちんとした大人のことば。恋人相手にはそれなりの甘えたことば。私は相手に合わせてことばを選び，使いこなしているわけです」なんて言い訳しても無駄です。ここで問題

になっているのは，話し手が状況に応じて自由に変えて問題のない「□□□□」ではなく，変わらない，変えてはならないがしばしば変わってしまう「□□□□」です。キャラクタは（本当は変えられるけれども）変わらないことになっているので，『大人の男』から『幼児』へのキャラ変わりはバカにされてしかるべきふるまいと言えるでしょう。

〔問7〕 次の（6）〜（10）はいずれも「キャラ変わり」にまつわる私たちの日常的な感覚を示したものです。それぞれ，どのようなキャラ変わりが述べられたものか，考えてください。

(6) うちの兄は，家の中では気分屋で癇癪持ちのくせに，外面はすごくよくて，みんなから『穏やかな，いい人』と思われている。兄と喧嘩している時など，そういう人たちを一人一人訪ねていって，誤解を解いてやりたいと思う。

(7) 恋人は「オレを信じていろ」などと言っていたのに，田舎に帰ったきり音沙汰がなくなり，たずねていったら，親の前でオドオドして，親の言いなりになっていて，婚約解消と言われた。私が菓子折を置いて帰りかけると，「菓子折を返してこいと言われた」と菓子折を持って追いかけてくる。菓子折は海に投げ捨ててやったが，その後も犬のように黙ってついてきた。

(8) あいつは，世話してやっている時はモミ手で，猫なで声ですり寄ってきたのに。こちらの商売が少し傾いてきたら，手のひら返したように傲慢になって，くわえタバコで挨拶もしないなんて，あいつは最低だ。

(9) 昨日のあの人はこわかった。いつもは「わしゃ，なあ」「なんでこんなアホなことやったんや」などと関西弁まるだしなのに，研究会をやっていたら，「学問と研究の崇高性はいったいどこにあるのか」「いったい何を知りたいとあなたは思っておられるのか」と共通語で怒りだして，いままで共通語なんか一言もしゃべらなかっただけにこわかった。

(10) あ，あいつは，そっちのサナトリウムに移ってるのか。「オレは死ぬことなんか別にこわくない」みたいに超然としてるそうだね。へっへ，こんなこと言っちゃ悪いかもしれないけど，面白い話があるよ。あい

つ，昔，こっちのサナトリウムにいる時に，自殺未遂起こしたことがあるんだ。しかもクリスチャンだったのに。「知ってるよ。あんたも，相当悩んだ過去があるよね」なんて言ってやったらどうかな。

似たようなことに思い当たる人も多いのではないでしょうか。(6) は夏目漱石の『行人』(1912〜13)，(7) は林芙美子の『放浪記』(1930)，(8) は山崎豊子の『白い巨塔』(1969)，(9) は高橋和巳の『悲の器』(1962)，(10) は福永武彦の『草の花』(1954) の一節をそのまま，あるいは少しだけふくらませて書いたものです。私たちが日々体験するキャラクタ絡みの悩み・憤り・恐れは，ずっと昔からあったことのようです。

13.5　キャラクタの「格」と「品」

〔問8〕 次の文章 (11) の書き手や，(12) のママたち・アンケート回答者たちの感覚は，どういう点が「保守的」なのでしょう？

(11) 質問（osaru2009ukiki さん）：言い方悪いですけどやっぱり男は上から目線的な部分があったほうがいいですか？　本当ちょっと言い方悪いですが f^_^;　僕が言いたいのはどんな気が強そうな女性とか年上女性でも，男はビビらず『甘えてもいいよ』とか『本当は女の子らしいとこあるんだよね』くらいな対応をした方がいいんでしょうか？
ベストアンサー（syr4492 さん）：そんな風に言われたら私は嬉しいですね〜　家では夫に「ボス」と呼ばれて恐妻扱いされていますが本当は甘えたいです。こうなってしまうと，もう甘えられません。毎日つらいですよ〜笑
〔http://detail.chiebukuro.yahoo.co.jp/qa/question_detail/q1222596757,　2012 年 1 月 25 日確認〕

(12) たとえばママたちの声にもあったように，男の子は多少やんちゃで転んだりしても，放っておいて外で遊ばせ続けるけれど，女の子にはお行儀のよさを求める人が多いですね。(中略)アンケートに答えた方々は，特に男の子への「らしさ」の期待が高いようですね。そして男らしさとは責任感や我慢強さと考えているようですね。でもそれはちょ

っと危険。ご存じのように男性の平均寿命は女性よりも 7 歳も短い。これはストレスが原因の一つと考えられているからです。

［ベビータウン　田中（貴邑）冨久子氏コメント

http://www.babytown.jp/life_money/kosodate/004/index.html,

2012 年 1 月 25 日確認］

　上の (11) の書き手や (12) のママたち，アンケート回答者たちの感覚は，男には「貫禄」「風格」「堂々」「恰幅」「押し出し」「重厚」といったある種の「◯◯」の高さを期待し，女には「しとやか」「優美」「優雅」のようなある種の「◯◯」のよさを期待するという伝統的な風潮に近い発言です。もちろん (11) の質問に対してどういう答が「ベストアンサー」なのかは人によって違うでしょうし，(12) でもこうした風潮の（医学的な）悪影響が指摘されていますが，私たちの多くがともすればこうした風潮に流されてしまうとしたら，私たちはもっとキャラクタについて考えてみる必要があるのではないでしょうか。

13.6　この課のまとめ

　ここでは，伝統的にほとんど注目されてこなかった「キャラクタ」について学びました。キャラクタとは，意図が及ばない（ことになっている）人物像のことで，より厳密に言えば「本当は変えられるが，変わらない，変えられないことになっているもの。それが変わっていることが露見すると，見られた方だけでなく見た方も，それが何事であるかわかるものの，気まずいもの」と定義でき，それだけに「キャラ変わり」は非難の対象になります。これまでは，意図的に切り替えて何ら問題のない「スタイル」ばかりが注目されてきましたが，私たちの悩みは（芸能界であれ一般社会であれ），自己や他者のキャラクタに関するものが少なくないようです。

《問　　題》

【基礎】　天から降ってくる，いかめしくおごそかな神の声として，次の発言は自然でしょうか？『神』キャラが破綻してしまうような言い方はあるでしょうか？

a. 東に行くがよい。

   b. 東に行ったらええ。

   c. その子どもは西にいる。

   d. その子どもははとぽっぽ保育所[3]にいる。

   e. その子どもはセンターにいる。

【発展】 文節末に「だ」が現れると，話し手のキャラクタはどうなるでしょうか？ 次の例を参考に考えてみましょう。（eとfの上向き矢印（↑）は上昇調イントネーションを表すものとします。）

   a. 弁護士が，財産を，……

   b. 弁護士がだ，財産をだ，……

   c. 弁護士がね，財産をね，……

   d. 弁護士がだね，財産をだね，……

   e. 弁護士がよ↑，財産をよ↑，……

   f. 弁護士がだよ↑，財産をだよ↑，……

《興味を持った人の参考になりそうな文献》

相原博之（2007）『キャラ化するニッポン』講談社

伊藤 剛（2005）『テヅカ・イズ・デッド―ひらかれたマンガ表現論へ』NTT出版

金水 敏（2003）『ヴァーチャル日本語 役割語の謎』岩波書店

金水 敏（編）（2007）『役割語研究の地平』くろしお出版

金水 敏（編）（2011）『役割語研究の展開』くろしお出版

定延利之（2011）『日本語社会 のぞきキャラくり―顔つき・カラダつき・ことばつき』三省堂

瀬沼文彰（2007）『キャラ論』STUDIO CELLO

---

[3] 神戸大学内に設置されている，実在する保育所です。

第14課 ことばの専門家が言うこと

この課のねらい

私たちの勉強も，そろそろ終わりに近づいてきました。

ことばについて考えるまとまった時間を持つことは，今後はたぶんもうないだろう。ごくたまにテレビや新聞で，学者がしゃべったり書いたりしていることに触れる程度だ。ことばの本を読むとしても，せいぜいコンビニにある文庫本ぐらいだろう——こういう人も少なくないかもしれません。

では，テレビや新聞や文庫本で日本語学者や言語学者が言うことについて，最後に学んでおきましょう。

キーワード：音声分析，自然さ，正しさ，記述主義，規範主義，ら抜きことば，マクロ，ミクロ

14.1　声から話し手を突き止める？

犯罪捜査のドキュメンタリ番組などで，録音された声の分析が紹介されることがあります。それは，声の分析（音声分析）が容疑者の特定に役立つことがあるからです。

しかしながら現在のところ，声の特徴は（「声紋」ということばはあるのですが），指紋と同程度に決定的な証拠とは考えられていません。声の特徴は「世界中でただ一人だけ」と言えるようなものではありません。

「声を分析しました。犯人はこの人です」などと，テレビで専門家が言っていることが万が一あるとしても，それは「犯罪の防止にもつながりますし，ここは先生，ひとつお願いします」みたいなことをテレビ局の人に言われて「うーん，そうですか。それなら，まあ」と，演出で言っているだけです。

ちなみに，声の分析は，以前は高額な装置が必要で，専門家しかタッチできない領域でしたが，近年ではすぐれた分析ソフトが無料で提供されており，インターネットを通じて，誰でもタダでダウンロードできるので，基本的な観察なら専門家でなくても手軽にできるようになっています。

録音した声を観察するだけでなく，声をツギハギしたり，逆さまに再生したり，高い声を低い声にしたり，「ア」という声を「イ」という声に変えたり，ブザーのような声にしたりすることも簡単にできるようになっています。

14.2　正しい言い方と間違った言い方

〔問1〕　次の文 (1)〜(7) はみな，「から」を含んでいますが，自然さは同じではないようです。これらが正しい文なのか，間違った文なのか，考えてみましょう。
(1)　2 時から部屋が青い。
(2)　2 時から部屋が青くなる。
(3)　部屋が青いのは 2 時からだ。
(4)　2 時から部屋が青かった。
(5)　朝から腹が痛い。
(6)　夜から腹が痛い。
(7)　昨夜から腹が痛い。

7 つの文のうちで，文 (1) は特に妙な文に受け取られがちですが，その理由を「部屋が青いなどということはふつうないからこの文は妙なのだ」などと片付けてしまうことはできません。というのは，いくら「ふつうない」ことであっても，文 (2) なら「ははあ，そういうふつうでない変な状態に部屋がなるということか。とりあえず理解はできる」という人が結構いて，つまり文 (2) はかなりマシだからです。文 (1) と文 (2) は，部屋の青い状態を意味している点では同じなのに，自然さが違っています。なぜ文 (1) は「文 (2) よりも」自然さが低いのかという問題に対して，「部屋が青いというのはふつうないから」という文 (1)，(2) の共通事情を持ち出して説明するのは説明になっていません。

また，文 (1) とよく似ていても，文 (3) のように，「部屋が青い」ということをとにかく前提にしてしまって，それが何時からかを問題にする言い方にすれば，ずっと自然になります。さらに文 (4) のように過去にしても，過去の体験を思い出してしゃべっている感じになって，やはり自然になります。

これらに比べて文 (5) ははるかに自然で 100 点満点という感じですが，文 (6) のように「□」を「□」にするだけで自然さはぐっと落ちます。しかし，このことを「人間の生活はふつう朝から始まるものであって，夜からではないから」などと片付けてしまうのも問題です。というのは文 (7) のように，「□」を「□」にするだけで，自然さはまたぐっと上がるからです。
　「から」ということばが開始時点を意味するということは，私たちにとってごく当たり前のことであって，そこには何の不思議もないように思えてしまうのですが，実際の文を見ると，上の (1)〜(7) のように，さまざまな文がさまざまな事情で，さまざまな自然さを持っています。そして，その事情を，私たちはまだ完全に明らかにできる段階には至っていません。
　ここでは「から」という，ほんの一例を挙げたのですが，このように，ある文が自然か不自然かは，なかなか一概には言えません。
　まして，ある文が正しいのか間違いなのかは，本当にむずかしい問題です。
　「馬から落ちて□□した」という文は，意味が重複しているから間違いだと，よく言われます。しかしそれなら，「ずっと走る」ことを「ずっと走り続ける」と言い，「本を最後まで読む」ことを「本を最後まで読み終える」と言うのも同じように意味が重複しているから間違いなのでしょうか？　「5 人の学生」のことを「5 人の学生たち」と言うのも，「5 人の」と言うだけで複数の意味はわかるから間違いなのでしょうか？　英語では，「5 人の学生 (five □□□□□)」が間違いで，「5 人の学生たち (five □□□□s)」は正しいんですよね。文の正しさは，自然さ以上にむずかしい問題です。
　星の運行について調べたいと思う人は，星が何時にどこに見えるかというデータを大事にする必要があります。自分の考え通りに星が現れないからといって，「今日の星は正しくない。間違いだ」などと言って，データを認めず，自分の考えを優先させようとすると，星の運行は解明できません。
　同じことですが，ことばについて調べたいと思う人は，ことばの実態を尊重する必要があります。「正しい」「間違いだ」という価値判断に流されず，まず，現実のデータを認める必要があります。
　日本語学や言語学の研究者はみな，ごく初期の段階で，「価値判断を持ち込まない記述主義 (descriptivism)」と「価値判断を持ち込む規範主義 (prescriptivism)」の違いを勉強し，日本語学や言語学が記述主義の上に成り立ってい

ることを教わります。「正しい」「間違い」と言う以前に，まず現実を見なさい，そして現実の複雑さに苦しみなさい，と教えられるわけです。

では，そんな修養をみっちり積んだはずのことばの先生がテレビに出てきて，「その言い方は間違い」「正しいのはこちらの言い方です」などと □ 主義的なことを言うのはどういうわけかというと，これは日本語学や言語学の研究成果というより親心ですから，みなさんは素直に聞いておきましょう。

14.3 マクロなレベルとミクロなレベル

テレビや新聞に出てくることばの先生の中には，いま述べたような □ 主義的な先生とは違ったタイプの先生もいます。例えば，番組の中で，「見ることができるという意味で「見られる」ではなく「見れる」だとか，寝ることができるという意味で「寝られる」ではなく「寝れる」だとか，こういうことばは「ら抜きことば」って言われているんですねえ。これ，若い世代を中心に，というより最近では中高年にもけっこう広まっているようですが，ちょっと耳障りですねえ，先生」と司会者に持ちかけられているのに，「いやー，ら抜きことばはやがて定着して，新しい日本語の標準的な言い方になるでしょう」などと平気で言うタイプです。

このタイプの先生こそ，先ほど述べた「価値判断を持ち込まない □ 主義」に基づく「正しい日本語学者・言語学者」です。「耳障りですねえ」などという司会者に同調しないのは，司会者のことばが価値判断丸出しの □ 主義的な発言だからです。

こういう先生にとって，ら抜きことばが「耳障り」かどうかは，さほど大事ではありません。21世紀初頭の私たちの言語感覚よりも，もっと気になるものがあるのです。それは，例えば日本語の動詞の体系が明治時代から（受け身や尊敬の形と可能の形が分かれるという）一定の方向に進んできているといった，よりスケールの大きな，ことばの体系の歴史的変化です。この変化が「読む」や「走る」のような五段動詞（専門的には子音動詞とも言います）だけでなく，「見る」「寝る」のような上一段・下一段動詞（母音動詞）にも及ぶ（その結果ら抜きことばができる），ということを考えているのです。

このようなことばのとらえ方は，スケールが大きいという意味で，マクロな

レベルの捉え方と言うことができます。それに対して日本語社会の日常を生きる私たちにとってのことばを，ミクロなレベルと呼ぶことができます。

　当たり前のことですが，ら抜きことばがこの先，実際に定着するかどうかは，いま日本語社会を生きている私たち次第です。例えば「記述式の問題に答える際，ら抜きことばをうっかり書いて1点減点され，入試に落ちてしまった」とか，「会社の面接で，「昨夜はわりと寝れました」なんて言って採用されなかった」とか，そういう無数のミクロレベルの不幸が繰り返され，血が流され，屍が積み重なり，その屍を乗り越えて，ら抜きことばを発しながら社会の中層に入り込んだ人間がある程度の数に達したときに初めて，「ら抜きことばって，最近はフォーマルな場でもけっこう耳にするね。あまり耳障りでもなくなったね」という具合になって，やがてことばの体系が変わっていくかもしれないのですが，「やがて定着して標準的な言い方になるでしょう」というマクロなレベルの発言は，この最後の部分を言っているに過ぎません。私たちがもし「自分は「屍」になんかなりたくない！　そんなことで人生の損をしてたまるものか。ら抜きことば，絶対に使わないぞ！！　「見られる」「寝られる」だ！」とミクロレベルで堅く念じて実行すれば，ら抜きことばは，ことばの先生がマクロレベルで何と言おうと定着しません。

　ことばの先生が「ら抜きことばはやがて定着するでしょう」と言っても，それは新しい言い方をする若者の味方になっているというわけではありません。そもそも，ら抜きことばが例えば川端康成の『雪国』（1937）のような昔の文章にもあるということを先生は知っているので，先生はら抜きことばをそう最近のことばとも思っていません。

　「ことばの先生がやがて定着するってテレビで言ってるから，ら抜きことば，使ってもいいんじゃないか」などとは，くれぐれも思わないようにしてください。ことばの先生は「ら抜きことばを使っても大丈夫」と保証しているわけではなく，そもそもミクロレベルには立ち入っていません。「五段動詞に生じた体系変化は，一段動詞にも生じるだろう」というのはあくまでマクロレベルでの予想です。いまの日本語社会を生きる私たちがそれに合わせて自ら「屍」になる必要はありません。

14.4　この課のまとめ

　ここでは，今後のみなさんにとって，ことばの研究との数少ない接点になりそうな，マスコミでの日本語学者・言語学者の発言について，注意を促しました。

　音声分析が容疑者特定の決定的な証拠とは考えられていないということも述べましたが，それよりも大事なのは，ことばの「正しさ」の問題です。

　一般の認識とは異なりますが，日本語学や言語学は，ことばの「自然さ」は追求しても，「このことばづかいは間違い。正しいのはこちら」というような「正しさ」を追求するものではありません。それは，日本語学や言語学が，価値判断の導入に消極的な ▢▢▢ 主義に立っているからです。もしマスコミで日本語学者や言語学者がことばの「正しさ」を論じているとしたら，それは日本語学や言語学というよりも親心で論じているので，素直に聞いておきましょう。

　また，もし日本語学者や言語学者が，間違っているはずのことばづかいについて「そのうち定着するでしょう」などと言っていたら，つまり「正しさ」とは無縁の話をしていたら，それはあくまで ▢▢▢ なレベルの話であって，日々の日本語社会を生きる私たちの ▢▢▢ なレベルのことばづかいがそれに縛られる必要はありませんので，そこは「お話」として楽しんで聞いてもらえばと思います。

　みなさんの今後の人生が，ことばのおかげで，狂ってしまうのではなく，より豊かなものになることを祈っています。

《問　　題》

【基礎】　川端康成の『雪国』を実際に読んで，ら抜きことばを探してみましょう（ヒント：「来られない」となるはずの箇所で「来れない」と書かれています）。
【発展】　例えば「PRAAT（プラート）」や「Wave surfer（ウェーブサーファー）」をキーワードにインターネットを検索して，どのようなサイトが現れるかを見てみましょう。これらの音声分析ソフトをダウンロードしたり操作したりする方法を日本語で解説しているサイトにもどのようなものがあるか，インターネットで検索してみましょう。

《興味を持った人の参考になりそうな文献》
国立国語研究所（2004）『言葉の「正しさ」とは何か（新「ことば」シリーズ17）』
　　国立印刷局
定延利之（2006a）『日本語不思議図鑑』大修館書店
定延利之（2006b）「文章作法と文法」『國文學―解釈と教材の研究』51(12)，79-85
至文堂（刊行）（1994）『国文学―解釈と鑑賞（「現代語のゆれ」特集号）』59(7)

《参考資料》
島田荘司（1991）『ら抜き言葉殺人事件』光文社
永井　愛（1998）『ら抜きの殺意』而立書房

索　引

あ　行

挨拶　106, 116
「アイドルはトイレに行かない」　133
曖昧　45
赤ちゃんことば　135
あからさま　106
アクセント　123
「あなた」　128
アンケート　87
アンチゴチ　65

言い間違い　29
言いよどみ　125
いっちょかみ　126
イディオム　88
意図　131
意訳　14
依頼　119
韻　14
隠語　121
インターネット検索サービス　81

ウチ／ソト　127
うなぎ文　42

英語教育　19
英作　19
ATOK　27
英訳　19
「えーと」　125

絵文字　93
エモティコン　96

「オーディションは友達が勝手に応募して」　134
大人社会　105
音声　54
音声言語　98
音声分析　140
音節　8
音引き　59
音読み　24, 48

か　行

下位者　127
外来語　10, 29, 48, 123
会話の順番取りシステム　112
顔文字　93
書きことば　9, 43, 97
確認　110
確率　18
過剰型　36
カタカナ　47
カタカナ語　49
カッコ文字　101
活用語尾　7
上一段動詞　143
『神』キャラ　138
川端康成　144
「考えときます」　114
感激　127
漢語　27, 48

漢字　48
感情　96
感動詞　50
看板　1

擬音語　50
祈願　112
記号　96
記述主義　142
規則性　30
擬態語　50
技能評　130
規範意識　86
規範主義　142
逆転現象　30
キャラ　72, 132
キャラ変わり　136
キャラクタ　72, 132
　　——の「格」　137
　　——の「品」　137
キャラ語尾　72
キャラコピュラ　72
キャラ終助詞　72
キャラ助詞　72
業界用語　82, 121
共在　110, 116
共通語　82
許容　19
議論　110

屈折語　70
訓読み　48

形態素解析　25, 83

芸能人の整形「疑惑」 135
形容詞 6, 73
形容詞述語 39
ケータイ・携帯電話 24, 97
ケータイメール 93
権威者 124
言語 98
言語景観 9
言語直観 90

交感的言語使用 112
膠着語 70
構文 15
後文脈 85
声の高さ 64
呼応 35
　――の崩れ 35
小書き文字 61
語幹 7
国語に関する世論調査 93
誤差 85
ゴシック体 65
語種 29, 48
五段動詞 143
ゴチック体 65
断り 115
コーパス 16, 86
コピュラ 72
誤変換 23, 43
コミュニケーション 98
コミュニケーション行動
　　112, 119, 127
固有名詞 24
孤立語 70
コンピュータ 24

さ 行

「さー」 118
再現可能性 84

作品評 130
サーチエンジン 81

子音 60
子音動詞 143
視覚 62
辞書 16, 25, 81
自然会話 19
自然さ 141
自然物評 131
指定 42
下一段動詞 143
社会的位相 119
「社で検討させてください」
　　117
修飾 4
終助詞 70
集団 111
主語 35
主述関係 40
主題 39
述語 35
主要部後置 70
上位者 127
上昇調イントネーション
　　139
冗長 38
常用漢字 51
助詞 3, 25
　――の省略 43
「信号機付きの横断歩道」
　　109
身体動作 99
人物像 71
人物評 130
親身 119
信頼性 86

スタイル 132
「する」型 21

正規表現 85
声質 63
声紋 140
責任者 126
接頭辞 24
線 64
　――の太さ 65
　――の丸み 64
前文脈 87
専門家 123
専門用語 50

創造 19
促音 60
俗語 50
即時性の規則 107
措定 42

た 行

体言 5
体験者 128
題述関係 40
態度 96
濁音 62
正しさ 142
妥当性 20
単漢字変換 23
単語 124
単語変換 24
直訳 12
陳述副詞 43

「っ」 59

丁寧さ（ポライトネス） 119
手紙 97
「です」 77
デスマス体 82

伝達　118, 126
伝達内容　95

「と」（助詞）　3
同意　110
同音異義語　24
統計翻訳　16
動詞　3, 15, 73, 82
動詞述語　35
同時性のみなし　106
動植物名　50
途切れ延伸型のつっかえ
　　124
「ドック」　2

な 行

「な」（終助詞）　125
長い沈黙　105
「長い廊下」　109
「なる」型　21

ニセ方言　73
日本語学　85, 142
日本語母語話者　24, 81
ニュアンス　50

「ね」（終助詞）　125
ネオ濁音　62

は 行

媒体　97
配慮　97
破格　35
バカ・ピグミー　105
拍　59
漠然型　38
発言権　105
発言の重なり　105

話しことば　37, 54, 97
パラ言語　98
パラレルコーパス　16
貼り紙　1
破裂音　60

非計画性　43
非言語　98
BCCWJ　86
否定　82
表音性　47
評価　127, 130
表記　48
標準語　82
ひらがな　48

フォント　65
副言語　98
不足型　37
付属語　70
フレーズ検索　84
文化摩擦　119
文節　25, 124
文末　69
文末形式　70
文脈　20, 24, 28, 41

閉鎖音　60
平板型アクセント　123
変換ミス　23
変な日本語　1

母音　58
母音動詞　143
方言　8, 73, 82
　　──のアクセサリー化
　　73
包摂関係　42
翻訳サイト　15

ま 行

マクロ　143
摩擦音　60
末尾　69

ミクロ　144
見出し　38
明朝体　65

「向かい合うプラットホーム」
　　108
無生物主語　19
無題文　40

「〜め」　6
名詞　3, 15, 25, 73
名詞述語　39
メール　93

文字　48
文字言語　9, 98
文字表記　28, 58
モーラ　59

や 行

「役」　134
役割語　72
「やってみます」　116

『雪国』　144
ゆれ　87

用言　5
用字用語集　49
予測　30
予測変換　24
呼び方　127

ら 行

ら抜きことば　143
りきみ（「りきみ声」の項も
　　参照）　127
りきみ声（「りきみ」の項も
　　参照）　63
流ちょう性　124
ルール翻訳　16
連想　30
連体修飾　5
連文節変換　24
連用修飾　5
論理　45

わ 行

若者ことば　82
和語　29, 48

編著者・著者略歴

定延 利之（さだのぶ としゆき）
- 1962年 大阪府に生まれる
- 1998年 京都大学大学院文学研究科博士後期課程修了
- 現 在 京都大学大学院文学研究科教授
  神戸大学名誉教授
  博士（文学）

森 篤嗣（もり あつし）
- 1975年 兵庫県に生まれる
- 2004年 大阪外国語大学大学院言語社会研究科博士後期課程修了
- 現 在 京都外国語大学外国語学部教授
  博士（言語文化学）

茂木 俊伸（もぎ としのぶ）
- 1976年 静岡県に生まれる
- 2004年 筑波大学大学院博士課程文芸・言語研究科修了
- 現 在 熊本大学大学院人文社会科学研究部准教授
  博士（言語学）

金田 純平（かねだ じゅんぺい）
- 1977年 大阪府に生まれる
- 2008年 神戸大学大学院総合人間科学研究科博士後期課程修了
- 現 在 国立民族学博物館文化資源研究センター機関研究員
  博士（学術）

私たちの日本語（わたしたちのにほんご）

定価はカバーに表示

2012年2月25日　初版第1刷
2021年11月25日　第5刷

編著者	定　延　利　之
著　者	森　　　篤　嗣
	茂　木　俊　伸
	金　田　純　平
発行者	朝　倉　誠　造
発行所	株式会社　朝倉書店

東京都新宿区新小川町 6-29
郵便番号　162-8707
電　話　03（3260）0141
FAX　03（3260）0180
https://www.asakura.co.jp

〈検印省略〉

教文堂・渡辺製本

© 2012〈無断複写・転載を禁ず〉

ISBN 978-4-254-51041-6　C 3081　Printed in Japan

JCOPY ＜出版者著作権管理機構 委託出版物＞

本書の無断複写は著作権法上での例外を除き禁じられています。複写される場合は、そのつど事前に、出版者著作権管理機構（電話 03-5244-5088、FAX 03-5244-5089、e-mail: info@jcopy.or.jp）の許諾を得てください。

好評の事典・辞典・ハンドブック

脳科学大事典	甘利俊一ほか 編　B5判 1032頁
視覚情報処理ハンドブック	日本視覚学会 編　B5判 676頁
形の科学百科事典	形の科学会 編　B5判 916頁
紙の文化事典	尾鍋史彦ほか 編　A5判 592頁
科学大博物館	橋本毅彦ほか 監訳　A5判 852頁
人間の許容限界事典	山崎昌廣ほか 編　B5判 1032頁
法則の辞典	山崎 昶 編著　A5判 504頁
オックスフォード科学辞典	山崎 昶 訳　B5判 936頁
カラー図説 理科の辞典	山崎 昶 編訳　A4変判 260頁
デザイン事典	日本デザイン学会 編　B5判 756頁
文化財科学の事典	馬淵久夫ほか 編　A5判 536頁
感情と思考の科学事典	北村英哉ほか 編　A5判 484頁
祭り・芸能・行事大辞典	小島美子ほか 監修　B5判 2228頁
言語の事典	中島平三 編　B5判 760頁
王朝文化辞典	山口明穂ほか 編　B5判 616頁
計量国語学事典	計量国語学会 編　A5判 448頁
現代心理学［理論］事典	中島義明 編　A5判 836頁
心理学総合事典	佐藤達也ほか 編　B5判 792頁
郷土史大辞典	歴史学会 編　B5判 1972頁
日本古代史事典	阿部 猛 編　A5判 768頁
日本中世史事典	阿部 猛ほか 編　A5判 920頁

価格・概要等は小社ホームページをご覧ください．